BEAUREPAIRE

ET LE

Premier Bataillon des Volontaires de Maine-et-Loire

A VERDUN

JUIN-SEPTEMBRE 1792

Extrait de la *REVUE DE L'ANJOU*

BEAUREPAIRE

ET LE

Premier Bataillon des Volontaires de Maine-et-Loire

A VERDUN

JUIN-SEPTEMBRE 1792

Extrait de la *REVUE DE L'ANJOU*

NICOLAS BEAUREPAIRE

(1740-1792)

D'après un portrait de famille appartenant à Madame PINEAU DE BEAUREPAIRE

Xavier DE PÉTIGNY

BEAUREPAIRE

ET LE

Premier Bataillon des Volontaires de Maine-et-Loire

A VERDUN

JUIN-SEPTEMBRE 1792

ANGERS
G. GRASSIN, IMPRIMEUR-ÉDITEUR
40, rue du Cornet et rue Saint-Laud

1911

Xavier DE PÉTIGNY

BEAUREPAIRE

ET LE

Premier Bataillon des Volontaires de Maine-et-Loire

A VERDUN

JUIN-SEPTEMBRE 1792

ANGERS
G. GRASSIN, IMPRIMEUR-ÉDITEUR
40, rue du Cornet et rue Saint-Laud

1911

BEAUREPAIRE

ET LE

Premier Bataillon des Volontaires de Maine-et-Loire

A VERDUN

(JUIN-SEPTEMBRE 1792)

Malgré le grand nombre d'ouvrages qui ont déjà paru sur la mort de Beaurepaire, cette question est loin d'être éclaircie. La discussion, qui s'était d'abord maintenue dans le domaine de l'histoire, a bientôt dégénéré en querelle de partis ; elle est maintenant abaissée à des polémiques personnelles.

Un long séjour à Verdun nous a permis d'examiner les lieux où s'est déroulé le drame du 2 septembre 1792 et de vérifier sur place les documents dont nos devanciers ont fait usage. Étranger à cette ville et spectateur désintéressé des passions que ce mystère y soulève encore, nous avons cherché à découvrir la vérité, mais sans y parvenir. Du moins, pouvons-nous résumer le débat, et nous espérons que l'exposé en intéressera les Angevins dont les ancêtres furent témoins ou acteurs de ce troublant épisode de la Révolution.

I

En étudiant l'origine et la formation du premier bataillon des volontaires de Maine-et-Loire, on arriverait à des conclusions différentes de celles que nous exposions, ici même, dans un essai sur le troisième bataillon de ce département [1]. Ce dernier n'avait de volontaire que le nom. Le premier, au contraire, était une troupe d'élite, « un bataillon doré », où se retrouvaient, dans une intime camaraderie, une majorité d'étudiants et de jeunes gens de la bourgeoisie angevine, véritablement engagés de leur plein gré. Éducation, instruction, fortune, relations, rien ne manquait à cette troupe incomparable dont un réel enthousiasme semblait décupler la valeur. Nous verrons qu'à la première épreuve il ne se trouva rien de sérieux derrière cette brillante façade.

Le commandant du bataillon était le lieutenant-colonel Nicolas Beaurepaire.

Presque tous les dictionnaires et encyclopédies, notamment Larousse, dans le *Grand dictionnaire du* XIXe *siècle*; le Dr Robinet, dans le *Dictionnaire historique et biographique de la Révolution* ; Port lui-même, dans son *Dictionnaire de Maine-et-Loire*, ont dénaturé son état-civil, l'appellent de Beaurepaire, et donnent sur lui des détails erronés. Mérat [2], d'après la *Biographie universelle*, le fait des-

[1] *Un bataillon de volontaires* (3e *de Maine-et-Loire*), 1792-1796. *Revue de l'Anjou*, nouvelle série, tomes LIII-LV, 1906-1907. — 1 vol. gr. in-8o de 460 pages, Germain et G. Grassin, Angers, 1908.

[2] *Verdun en* 1792. *Épisode historique et militaire des guerres de la Révolution française*, par Paul Mérat, lieutenant au 24e léger. Verdun, 1849. Réédité en 1890, p. 34 et 80.

C'est le premier ouvrage documenté qui ait été écrit sur Beaurepaire, et il est précieux à ce titre, malgré de nombreuses erreurs et sa

cendre d'une noble famille du Poitou, apparentée au chef vendéen Nicolas Girard de Beaurepaire. Juzancourt le fait figurer avec la particule sur le contrôle de l'État-Major des carabiniers de Monsieur, et Waroquier[1], sur le Tableau de la noblesse militaire en 1784. Dans les correspondances et les pièces officielles de l'époque, dans les discussions du Conseil de défense de Verdun, l'habitude est fréquente de l'appeler M. de Beaurepaire. Une belle attitude militaire, sa taille avantageuse, sa mise soignée, la croix de Saint-Louis qui brillait sur sa poitrine frappaient sans doute l'imagination du public porté à conclure qu'un si bel officier devait être gentilhomme.

D'ailleurs, Beaurepaire était accessible à cette faiblesse et sur son acte de mariage, inscrit au registre paroissial de la commune de Joué[2], il s'est laissé qualifier, lui et son père, de « messire de Beaurepaire », et lui-même a signé « de Beaurepaire ». Dans son étude sur ce personnage, Dommartin[3] constate qu'il n'y a pas d'autre acte connu où Beaurepaire ait signé de cette manière, et il explique cette exception par un sentiment d'amour-propre excusable pour un officier servant dans un corps d'élite où beaucoup de ses camarades étaient nobles et au moment d'un mariage qui le faisait entrer dans une honorable famille, d'une classe supérieure à la sienne.

En réalité, d'après son acte de baptême[4], Beaurepaire

partialité. Il a servi de guide à presque tous les historiens qui ont traité ce sujet, entre autres à Mortimer-Ternaux : *Histoire de la Terreur*, 1792-1794, t. IV, p. 141.

[1] *Notice historique sur le régiment des carabiniers. — Tableau de la noblesse militaire par le comte de Waroquier*, 1 vol. in-8°, 1784.

[2] Actuellement déposé au greffe du Tribunal civil d'Angers.

[3] *Beaurepaire, épisode de la reddition de Verdun en* 1792. *L'histoire, la légende, par* E. Dommartin.

Extrait des mémoires de la Société philomatique de Verdun, t. IX. Tirage à part, in-8°, Verdun, 1884.

[4] État civil de Coulommiers, registre G. G., fol° 2.

Consulter les deux brochures suivantes : *Nicolas de Beaurepaire, de*

serait né à Coulommiers-en-Brie, le 7 janvier 1740. Sa mère, Marguerite Lallemand, appartenait à une famille de laboureurs du pays. Son père, marchand-épicier à Coulommiers, avait obtenu, le 27 mai 1757, des lettres-patentes lui conférant les titres de conseiller du roi, échevin, ancien mi-triennal de la ville et commune de Coulommiers, et il aurait reçu l'investiture de ces offices à la suite d'une requête datée du 24 septembre 1757 et d'une information faite à Meaux [1].

Une tradition, dont l'origine n'est pas connue, veut que le jeune Beaurepaire ait d'abord étudié pour être avocat ou prêtre.

Le 4 novembre 1757, il s'engagea comme soldat au régiment des carabiniers de Monsieur où il devait faire toute sa carrière jusqu'à sa démission, qui fut acceptée le 14 mai 1791. Il avait alors 51 ans, trente-quatre années de services, le rang de capitaine depuis le 25 avril 1786 et la croix de chevalier de Saint-Louis depuis le 1er novembre 1789. Il avait fait, comme sous-officier, les campagnes d'Allemagne de 1758 à 1762 [2].

Plus tard, lorsqu'on fit de Beaurepaire un héros digne

Coulommiers, commandant de Verdun en 1792, par Th. Lhuillier, brochure in-16, Meaux, 1884 : *Notice biographique sur Beaurepaire*, par G. Thomas, brochure in-16, Coulommiers, 1884.

[1] *La petite feuille de Coulommiers*, 13 janvier 1883, n° 368, d'après *l'Indépendant de Seine-et-Marne.*

[2] Il existe de notables différences de dates entre les états de services de Beaurepaire conservés aux Archives du Ministère de la guerre (classement général) et ceux que lui prêtent Grille (I, 205), Port (*Dictionnaire de Maine-et-Loire*, article Beaurepaire), A. Chuquet (*La première invasion prussienne*, p. 122) et d'autres auteurs qui se sont fiés à Port.

Le tableau complet des états de services de Beaurepaire, d'après les Archives du Ministère de la guerre, est reproduit (p. 130) dans le plus récent et le plus documenté des ouvrages où il soit question de Beaurepaire : *Essai sur l'histoire de la Révolution à Verdun* (1789-1795), par Edmond Pionnier, 1 vol. grand in-8, Nancy, 1906.

des temps antiques, on a récriminé sur la modeste carrière que lui avait faite l'ancien régime. Il n'avait à espérer aucun avancement, dit Choudieu [1] ; il avait embrassé les idées nouvelles, rapporte la *Biographie universelle.* Victime des préjugés qui réservaient tout l'avancement à la noblesse ou à la fortune, c'est la Révolution, disait-on, qui a su le tirer, comme tant d'autres, de la médiocrité où végétait un talent si utile à la patrie.

Il faut remarquer d'abord que Beaurepaire, à l'occasion de son mariage, s'est fait mettre en réforme pendant trois ans (du 1er avril 1776 au 1er mai 1779) ; qu'ensuite il a donné sa démission et que ces interruptions de services justifient le retard d'un avancement normal. C'était le sort ordinaire, même pour un gentilhomme, d'être retraité à cinquante ans avec le grade de capitaine, une pension et la croix de Saint-Louis. Dans notre armée actuelle, c'est un cas qui tend à devenir la règle commune. Enfin, reste à savoir si cet officier méritait un choix exceptionnel, et nous ne le pensons pas.

Tel que nous nous représentons Beaurepaire, on peut se demander comment, en 1791, il pouvait avoir, en Anjou, la popularité que lui prêtent certains de ses biographes. Il n'était pas originaire du pays. Il a pu l'habiter et s'y faire des relations quand son régiment était en garnison à Saumur, au moment de son mariage, et pendant le congé de trois ans qu'il prit à cette époque ; mais de 1779 à 1791, il était retourné au service et n'avait pu entretenir ces relations d'une manière suivie.

Démissionnaire le 14 mai 1791 et fixé alors en Anjou, comment pouvait-il, au mois de septembre suivant, être universellement connu à Angers et dans les environs? « On « s'inclinait devant lui quand il passait ; il n'y avait per-

[1] *Mémoires et notes de Choudieu... publiés d'après les papiers de l'auteur..., par* Victor Barrucand, 1 vol. in-8, Paris, 1897, p. 180 (note).

« sonne dans la ville qui ne le connût, et les enfants, en « ôtant leur chapeau, disaient : C'est M. Beaurepaire ! En « effet, c'était lui. Dès avant le jour de l'élection, avant « que son nom ne fût sorti de l'urne, il était proclamé par « toutes les bouches commandant général des volontaires [1]. »

Nous croyons que cette popularité fait partie de la légende de Beaurepaire, et que sa nomination s'explique plus simplement. Tous les officiers et presque tous les sous-officiers de l'ancienne armée qui ont brigué les suffrages des volontaires nationaux furent élus officiers. Les volontaires du 1er bataillon de Maine-et-Loire ont fait preuve de ce bon sens commun à leurs semblables en choisissant, pour les commander, Beaurepaire et Lemoine, tous deux sortant de l'armée active. Mais nous ignorons comment Beaurepaire fut amené à cette candidature, s'il céda à l'entraînement patriotique du jour, s'il calcula les avantages d'un avancement que l'armée régulière lui avait refusé, s'il fut poussé par des politiciens qui faisaient de son élection une protestation contre l'ancien régime. Choudieu s'attribue le mérite de l'avoir distingué. « ... Mes camarades, dit-il [2], voulaient « me nommer leur commandant ; mais je leur fis observer « que je n'avais pas l'expérience nécessaire pour les faire « manœuvrer devant l'ennemi, et ils nommèrent Beaure- « paire que je leur avais désigné comme le plus capable. « Celui-ci se rendit avec beaucoup de peine à mes instances

[1] *Lettres, mémoires et documents publiés avec des notes sur la formation, le personnel, l'esprit du 1er Bataillon des volontaires de Maine-et-Loire, et sur sa marche à travers les crises de la Révolution française*, par F. Grille, 4 vol. in-8°, Paris, 1850. (I, 202).

Nous avons pu constater combien les documents cités dans cet ouvrage sont incomplets, dénaturés, souvent inventés, Nous donnons, sous toutes réserves, ceux que nous croyons authentiques et présenter de justes peintures des passions de l'époque. Il ne faut pas oublier que Grille a connu les volontaires dont il parle et a recueilli leurs traditions.

[2] *Mémoires et notes de Choudieu*, p. 180 (note).

« réitérées... » Pour toutes ces raisons, Beaurepaire se trouva l'homme du jour. Il fut élu, le 15 septembre 1791, lieutenant-colonel du 1er bataillon des volontaires de Maine-et-Loire par 409 voix sur 560 votants.

Le bataillon, superbement équipé, plein de vie et d'entrain, et Beaurepaire en tête, quitta Angers le 3 octobre suivant. On l'envoyait tenir garnison, par détachements, dans la Loire-Inférieure, le Morbihan, l'Ille-et-Vilaine, où il y avait des troubles. On vit de suite se manifester dans cette troupe des symptômes inquiétants que nous révèle la correspondance de Beaurepaire.

Il existe, aux Archives départementales de Maine-et-Loire [1] vingt-neuf lettres, dont vingt-cinq autographes, de Beaurepaire. Grille, dans son ouvrage, en reproduit le même nombre, mais il en omet une [2] où Beaurepaire témoigne son respect des opinions religieuses, et inversement il en cite une [3] dont nous n'avons pas retrouvé l'original. Dans ses autres citations, Grille a plus ou moins respecté le sens général des lettres, mais il en a modifié profondément la forme, et celui qui croirait connaître Beaurepaire d'après la correspondance que lui prête Grille ferait fausse route. Beaurepaire écrit mal, est souvent obscur dans ses explications, fait à chaque ligne les plus grossières fautes d'orthographe, paraît illettré et dépourvu de toute culture intellectuelle. Grille lui donne du style, de la vie, de l'esprit. Il lui prête des connaissances politiques et même des aperçus philosophiques. Il en fait un autre homme [4].

[1] Dossier L, 585 *bis*.

[2] Celle qui est conservée aux Archives départementales de Maine-et-Loire, L, 585 *bis*, sous le n° 10, et relative à la démission d'un volontaire qui désire se faire prêtre.

[3] Grille, I, 330.

[4] Ces altérations des textes originaux n'avaient pas échappé à C. Port, qui les a notées de sa main sur son exemplaire de l'ouvrage de Grille. Cet exemplaire est déposé aux Archives départementales de Maine-et-Loire.

En nous reportant à la correspondance authentique de Beaurepaire, nous apprenons que, dès le 4 novembre 1791, il y a déjà cinq déserteurs au bataillon. Le 21 novembre, un grenadier déserte. Le 15 décembre, plusieurs officiers ou volontaires demandent à passer dans les troupes de ligne, la gendarmerie ou la maison du Roi. Deux volontaires rentrent chez eux où leurs affaires les appellent. Il faut déjà vingt remplaçants [1].

Le 28 décembre, le maréchal de camp Dumouriez, commandant la 12e division militaire, écrit aux administrateurs du département de Maine-et-Loire d'envoyer seize recrues « ... pour remplacer des hommes trop faibles que le zèle a « fait enrôler, des hommes trop petits que la complaisance « ou l'inattention avaient laissé passer et d'autres encore « qui sont hors d'état de servir par des causes morales et « physiques... » Beaurepaire correspond à ce sujet avec Dumouriez et le directoire du département [2].

Le 22 janvier 1792, un sous-officier a déserté. Le 1er février, Beaurepaire se décide à avouer que son tambour-major manque aux appels depuis vingt jours. Le 12 février, il écrit que plusieurs grenadiers et volontaires sont encore partis sans permission et que le tambour-major n'a pas rejoint. Il a fallu donner quatre permissions par compagnie pour limiter les désertions ; il faut six hommes pour remplacer de mauvais ou de pauvres sujets renvoyés pour inconduite et infirmités [3].

[1] Archives départementales de Maine-et-Loire, L, 585 *bis*, pièces 1, 4, 5 ,6, 7, reproduites avec altérations par Grille, I, 259, 225, 274, 275, 281.

[2] Grille, I, 293. — Archives départementales de Maine-et-Loire, L, 585 *bis*, pièce 12, reproduite avec altérations de date et de texte par Grille, I, 294.

[3] Archives départementales de Maine-et-Loire, L, 585 *bis*, pièces 16 *bis*, 17, 20, reproduites avec altérations par Grille, I, 312, 316, 326.

Le 18 février, Beaurepaire aurait signalé six nouveaux déserteurs [1].

Le 9 mars, il envoie aux administrateurs de Maine-et-Loire un état officiel des « mouvements du bataillon depuis sa formation jusqu'au 1er mars 1792 [2]. » Cet état, quelque peu contradictoire avec les plaintes précédentes, n'accuse que 7 déserteurs, 5 hommes renvoyés du bataillon par leurs camarades, 12 congédiés pour défaut de taille ou de santé, 8 disparus avec des congés réguliers. C'est un exemple frappant du soin que l'on mettait à dissimuler sur les actes officiels les absences illégales.

Le 2 avril, Beaurepaire écrit qu'il est décidé à sévir et à dénoncer exactement dans les huit jours ceux qui s'absenteront sans permission, car l'indulgence devient un danger. Et il commence par signaler trois grenadiers absents depuis le 18 mars et deux volontaires dont il n'a pas de nouvelles [3]. Mais ce n'est qu'un mouvement d'indignation, et il reviendra aussitôt à son indulgence naturelle.

Si nous passons à l'habillement et à l'armement du bataillon, qu'on disait en parfait état au départ d'Angers, nous constatons qu'ils laissent beaucoup à désirer. Beaurepaire écrit à ce sujet de nombreuses lettres aux administrateurs de Maine-et-Loire [4]. Le 15 février 1792, le citoyen Hamon, délégué par le département pour passer une revue, écrit : « ... J'ai parcouru les compagnies du bataillon et j'ai vu, « du premier coup d'œil, qu'il manquait presque de tout. « Cent vingt habits, autant de vestes, quatre cents culottes,

[1] Grille, I, 330. Nous n'avons pas retrouvé l'original de cette lettre.

[2] Archives départementales de Maine-et-Loire, L, 585 *bis*, pièces 21, 22, reproduites avec altérations par Grille, I, 335, 336.

[3] Archives départementales de Maine-et-Loire, L, 585 *bis*, pièce 23, reproduite avec altérations par Grille, I, 341.

[4] Archives départementales de Maine-et-Loire, L, 585 *bis*, pièces 1, 2, 3, 4, 7, 9, 12, 15, 16, 17, 19 *bis*, 20, 23, 25, citées avec altérations par Grille, I, 259, 225, 279, 232, 281, 291, 294, 308, 313, 316, 340, 326, 341, et II, 18.

« deux cents chapeaux, deux cents paires de manches, cinq « cents tire-bourres, cent cinquante bonnets de police sont « absolument nécessaires, sans quoi, il serait impossible « à nos volontaires de faire la campagne[1]... »

Le 20 avril 1792, la guerre est déclarée, et le bataillon fut appelé à renforcer l'armée.

Le 1er mai 1792, il quitte Guérande avec ordre d'être à Verdun le 2 juin[2].

Les volontaires sont dans une joie sans égale, mais il manque vingt et un hommes au moment du départ. En passant à Laval, on reçoit la visite de nombreux Angevins et la fête se prolonge si bien qu'en arrivant, le 8 mai, à Mayenne, il manquait plus de la moitié du bataillon, et même des officiers. Les traînards rejoignirent le lendemain ou le surlendemain ; Beaurepaire ne disait rien. Quand les absents ne revenaient pas, on leur délivrait un congé absolu ou temporaire, sans les porter déserteurs. Quand ils revenaient, on les félicitait de leur patriotisme, et ils étaient reçus à bras ouverts, comme le fut le tambour-major qui rejoignit à Laval, après cinq mois d'absence. La chose paraissait naturelle. Au passage du bataillon à Saint-Denis, la moitié s'en fut visiter Paris ; il fallut s'arrêter deux jours

[1] Grille, I, 328.

[2] Itinéraire : fin avril, concentration à Guérande des compagnies dispersées à Blain, le Croisic, etc... — 1er mai, départ de Guérande pour la Roche-Bernard. — 2 mai, Redon. — 3 mai, Lohéak. — 4 mai, Rennes. — 5 mai, séjour à Rennes. — 6 mai, Vitré. — 7 mai, Laval. — 8 mai, Mayenne. — 9 mai, Prez-en-Pail. — 10 mai, séjour à Prez-en-Pail. — 11 mai, Alençon. — 12 mai, Mortagne. — 13 mai, Verneuil — 14 mai, Dreux. — 15 mai, séjour à Dreux. — 16 mai, Houdan. — 17 mai, Mantes. — 18 mai, Pontoise. — 19 mai, Saint-Denis. — 20 mai, Claye. — 21 mai, séjour à Claye. — 22 mai, Meaux. — 23 mai, la Ferté-sous-Jouarre. — 24 mai, Château-Thierry. — 25 mai, Dormans. — 26 mai, séjour à Dormans. — 27 mai, Épernay. — 28 mai, Châlons-sur-Marne. — 29 mai, Courtisols. — 30 mai, Sainte-Menehould. — 31 mai, séjour à Sainte-Menehould. — 1er juin, Clermont-en-Argonne. — 2 juin, arrivée à Verdun-sur-Meuse.

à Claye pour attendre les absents. Enfin, le 2 juin 1792, on arrive à Verdun [1].

L'enrôlement, le séjour en Bretagne, la traversée de la France au milieu d'un enthousiasme général avaient été pour ces jeunes gens une partie de plaisir. Presque tous étaient aisés, beaucoup étaient riches, plusieurs avaient une fortune qu'on gérait derrière eux et qui montait à dix, quinze et vingt mille livres de rentes. Ils faisaient fête à chaque étape ; ils auraient bu, à Épernay, plus de mille bouteilles de champagne en portant la triple santé : « Beaurepaire, les dames et la patrie ! [2] » Certes, la discipline se ressentait de telles frasques. Mais cette exubérance naturelle à la jeunesse, surtout à la jeunesse française, ne doit pas faire préjuger de sa vertu guerrière. S'ils aimaient s'amuser et jouir de leurs vingt ans, ces volontaires étaient aussi des patriotes et désiraient réellement faire la guerre. Ils étaient sincères quand ils écrivaient, le 8 janvier 1792, à l'Assemblée Nationale :

« Représentants, la patrie est menacée, ses défenseurs « sont appelés aux frontières du Nord et du Rhin. L'instant « est arrivé où les Français doivent prouver à l'Europe « qu'ils sont dignes de la liberté. Les volontaires du batail« lon de Mayenne-et-Loire, convaincus de la nécessité de « faire respecter la majesté nationale, que l'orgueil et le « favoritisme osent méconnaître, brûlent d'entrer en lice.

[1] Archives départementales de Maine-et-Loire, L, 585 *bis*, pièces nos 24, 25, 26, citées avec altérations par Grille, II, 11, 18, 24. — Grille, II, 20, 22, 28.

[2] Grille, I, 220 et II, 28. Ce dernier passage de Grille a été arrangé (page 18), par E. Demangeot (*Suicide de Nicolas Beaurepaire, commandant la place de Verdun-sur-Meuse, 3 septembre* 1792, opuscule de 36 pages in-12. Paris, 1885, 2e édit.), et reproduit (p. 133), par Pionnier, qui le donne comme venant de Demangeot. Il n'a rien d'authentique, comme tout ce qui vient de F. Grille ; mais l'opuscule de Demangeot est encore moins recommandable que l'ouvrage de Grille.

« L'ordre qu'ils attendent, et qu'il leur tarde de recevoir, « pour combattre les vils esclaves du despotisme, sera « pour eux le signal du triomphe ou de la mort [1]. »

Beaurepaire fit preuve d'un bon commandement en ne traitant pas comme des soldats ordinaires ces jeunes volontaires enrôlés de leur plein gré. Là, comme partout, il se fit aimer de ses inférieurs et de ses chefs.

« ... Il était, a écrit son fils [2], d'une assez belle taille, la « figure très douce. Il était vif quoique d'un caractère très « doux. Il fut bon père et bon époux et sut se faire aimer et « respecter des militaires qu'il eut l'honneur de commander. » Il laissa cette impression au régiment des carabiniers de Monsieur où il avait fait sa carrière et, quand on sollicita dans ce même régiment une lieutenance pour un de ses neveux, le général Valence fit savoir « qu'il le recevrait « avec grand plaisir puisqu'il appartenait à M. Beaurepaire, « que son neveu serait bien vu. Le souvenir du comman- « dant de Mayenne-et-Loire sera toujours cher au chef et « soldats des carabiniers [3]. » Au bataillon de Maine-et-Loire il était, a dit Delaâge [4], « notre commandant, notre « frère et notre ami. » — « Tous les volontaires, écrit « Galbaud [5], le regardaient comme leur père. » On trouvera,

[1] Archives départementales de Maine-et-Loire, L, 585 *bis*, pièces 13, 14, 15, reproduites avec altérations par Grille, I, 306, 308.

[2] Note autographe rédigée par Stanislas-Joseph Beaurepaire. Bibliothèque d'Angers, mss. 1779, biographies particulières de Grille.

[3] Lettre (qui nous a été communiquée à Angers) de Madame G. à F. G., volontaire à la compagnie des grenadiers du 1er bataillon de Maine-et-Loire, 9 août 1792.

[4] *Discours prononcé à la barre de la Convention nationale, au nom des volontaires du premier bataillon de Mayenne-et-Loire, le* 28 *octobre* 1792, op. 6 pages in-8° de l'Imprimerie nationale. — Inséré au *Moniteur* du 30 octobre 1792, n° 304.

[5] *Observations sur la pétition présentée à la Convention nationale dans sa séance du* 28 *octobre* 1792, *l'an* 1er *de la République, par F. T. Galbaud, maréchal de camp, ancien commandant de Verdun, Paris, le*

au cours de ce récit, d'autres témoignages de cette sympathie générale qu'il inspirait.

Sous une apparence d'indiscipline, le premier bataillon de Maine-et-Loire possédait donc cette grande force morale née d'une confiance réciproque entre le chef et les soldats, et Beaurepaire pouvait dire avec raison : Laissez faire ces jeunes gens, vous les jugerez en présence de l'ennemi.

C'est à Verdun qu'on allait les juger.

Après avoir, au cours du moyen âge et des guerres de religion, subi huit sièges ou assauts, dont le dernier remontait au 2 septembre 1562, Verdun vivait en paix depuis longtemps, malgré sa situation frontière. Sa tranquillité n'avait pas été troublée depuis le traité de Munster (1648) qui avait reconnu en droit la souveraineté que la France y exerçait en fait dès l'année 1440. En cent cinquante ans de paix l'esprit guerrier des Verdunois s'était éteint ; la citadelle et les remparts, remaniés par Vauban en 1670, s'étaient décrépits ; la place était tombée au rang d'un dépôt secondaire et Verdun s'était transformée, de forteresse, en une petite ville de province riche et paisible. L'ancienne influence ecclésiastique s'y maintenait par l'évêché, le chapitre, un clergé nombreux, une quantité de paroisses et de couvents. La petite noblesse du pays et une riche bourgeoisie y avaient leurs hôtels [1]. Dans ce milieu, la Révolution de 1789 s'implanta sans excès ni violence, et son cours normal s'y trouvait retardé par des influences contraires.

Avant le 10 août 1792, le Directoire du département de la Meuse invitait l'Assemblée Nationale à résister à l'influence des partis et se plaignait « de ce qu'aux larmes si

1er *novembre* 1792, *l'an* 1er *de la République*, suivies de la *Déclaration des officiers du bataillon de l'Allier faite devant la municipalité de Sainte-Menehould, le* 3 *septembre* 1792, *l'an IV de la Liberté*. In-8° de 36 pages, à Paris, de l'imprimerie du Cercle social, p. 25.

[1] Voir *Croquis lorrains*, par Louis Madelin. Paris, Berger-Levrault, 1907, p. 82-97.

« douces qu'on aimait à verser à l'époque de la conquête de « la liberté se soient substitués des sentiments factices « d'exagération [1]. »

Le 14 août on vit, à Verdun même, le Conseil du district et la municipalité se réunir pour protester contre la Révolution du 10 août. Ils auraient délégué à Bar-le-Duc l'officier municipal Anchelon pour inviter le directoire de la Meuse à se rallier à la protestation du Directoire des Ardennes [2]. Ils rédigeaient, et envoyaient aux districts environnants un « projet d'adresse » contre la violation du Gouvernement et la suspension du roi par des factieux. Cavaignac s'en fit une arme pour requérir contre eux les rigueurs de la Convention nationale. « Ces administrateurs, « dit-il [3], n'avaient-ils pas pris un arrêté pour faire improu- « ver par les communes le décret qui suspendait Louis XVI ». Le texte de cette protestation n'est pas connu, car les Verdunois surent en faire disparaître les copies, sauf une qui fut retrouvée, dit-on, par Mallarmé au district de Clermont-en-Argonne et servit de motif à ses représailles contre Verdun [4].

Plus tard, sous l'impulsion de Delayant, Verdun se compromettra dans le fédéralisme et enverra à Paris quatre délégués qui se présenteront, le 11 juin 1793, à la barre de

[1] Adresse du directoire du département de la Meuse, lue à l'Assemblée nationale dans la séance du 6 août 1792 (*Moniteur*, n° 220).

[2] Jugement du Tribunal criminel de la Meuse, 2 floréal, an II, Arch. nat. A. A. 61. Cité par A. Chuquet, *La première invasion prussienne*, p. 258.

[3] Discussion des articles du décret de la Convention nationale concernant Verdun. Séance du 9 février 1793. *Moniteur* du 11 février, n° 42.

[4] Voir note 6, p. 28 du *Discours prononcé le* 6 *floréal an III* (25 avril 1795), par le citoyen Ybert à la cérémonie funèbre, anniversaire de l'exécution de Delayant. Imprimé, avec des notes, à Verdun, par arrêté du 14 Floréal an III du Conseil général de la commune de Verdun, in-4°, 38 pages. Biblioth. de Verdun, *Recueil factice de pièces verdunoises*, 2563, t. IV. — Pionnier, 134.

la Convention pour remettre une pétition contre les révolutions du 31 mai et du 2 juin. Cette malheureuse ville, qui a subi toutes les rigueurs de la tyrannie jacobine, sera châtiée plus durement pour ses manifestations politiques que pour sa capitulation devant l'armée prussienne [1].

En 1793, Verdun n'était donc pas encore dans le mouvement politique et, au point de vue religieux, la municipalité prenait encore part, en juin 1793, aux processions solennelles de la Fête-Dieu. A plus forte raison peut-on dire qu'en 1792, malgré son club, sa garde nationale, ses fêtes patriotiques, son évêque assermenté et ses ventes de biens nationaux, Verdun hésitait entre l'amour de l'ancien ou du nouveau régime [2].

Cependant, l'impulsion guerrière qui souleva la France en 1791 et la déclaration de guerre du 20 avril 1792 avaient secoué la torpeur des Verdunois. Les rassemblements d'émigrés en armes, prêts à franchir la frontière, étaient pour eux une perpétuelle menace. Se voyant exposés au premier choc et aux premières représailles, ils avaient réclamé la réfection de leurs remparts, l'approvisionnement de la place, l'envoi d'une garnison. On ne les écoutait guère

[1] Voir Pionnier, ch. VII, 1, 2, 3, ch. VIII, 1 ,2, 3, 5, ; ch. IX, 1 et 2. — On trouve aussi dans la *Notice* inédite de Mondon d'intéressants détails en partie reproduits par Dufour, sur l'affaire de Delayant, de Demangeot et sur le fédéralisme à Verdun.

[2] Il est possible que Louis XVI fut mal conseillé quand on lui fit prendre la route de Varennes, pour éviter Verdun qu'on lui représentait comme « révolutionné ». (*Mémoires de Mme la duchesse de Tourzel, gouvernante des enfants de France... publiés par le duc des Cars.* Paris, 1883, 2 vol. in-8°. — *Mémoire sur l'affaire de Varennes contenant le mémoire inédit de M. le marquis de Bouillé...* Baudoin, Paris, 1823, 1 vol. in-8°). L'attitude de Verdun, au moment de l'affaire de Varennes, est exposée par Pionnier (pp. 107-113). Elle fut très modérée. Mondon raconte comment le détachement de la Garde nationale de Verdun aurait sauvé la vie, à Varennes, de MM. de Choiseul, de Damas, Floria et Remy. « Ces personnes, ajoute-t-il, ont rendu, dans « un temps plus prospère pour elles, un témoignage éclatant de la « belle conduite tenue à leur égard par les citoyens de Verdun. »

et on s'en tenait à l'appréciation du ministre Narbonne qui avait trouvé Verdun dans le meilleur état possible [1]. « Ce-« pendant, dit un témoin [2], soit pour occuper les troupes, « soit pour procurer du travail aux habitants les moins « aisés, soit même en prévision des événements, le Gouver-« nement fit opérer, sur la fin de 1791 et au commence-« ment de 1792, quelques réparations aux fortifications, « réparations bien insuffisantes pour mettre la ville et la « citadelle à l'abri d'un coup de main... Après la déclara-« tion de guerre du 20 avril 1792, les travaux ne furent « pas sensiblement augmentés. »

Quant à la garnison, malgré des instances réitérées [3], Verdun n'avait obtenu que le maintien pendant un mois (24 juin-26 juillet 1791) du régiment étranger de Castella, compromis dans l'affaire de Varennes. Nous ne croyons pas que la garnison ait été augmentée à la fin de 1791, comme le pense M. Pionnier [4] en s'appuyant sur une lettre, en date du 14 février 1792, de la Fayette à Ligniville. Les troupes énumérées dans cette lettre étaient en cantonnements dans la région. Mais à Verdun même il n'y avait que la Garde nationale, une compagnie de 48 canonniers et les dépôts du bataillon de Seine-et-Marne, du 92e régiment d'infanterie, ci-devant Walsh, du 2e dragons, ci-devant Condé, et du 9e chasseurs à cheval, ci-devant Lorraine.

Telle est, brièvement résumée, la situation politique et militaire de Verdun quand le 1er bataillon de Maine-et-Loire y arrive, le 2 juin 1792.

Malgré sa position dans un pays pittoresque, sur une col-

[1] Rapport présenté à l'Assemblée nationale, le 11 janvier 1792, par le ministre de la guerre, après sa tournée sur les frontières du Nord-Est.

[2] *Notice* inédite de Mondon.

[3] Pionnier (p. 120-122), a relevé ces instances d'après les archives communales de Verdun.

[4] Pionnier, p. 122.

line de la vallée de la Meuse, malgré la beauté des forêts de hêtres et la fraîcheur des eaux courantes, Verdun produit aux étrangers une profonde impression de tristesse. Bien avant d'y arriver, en cheminant sur cette route de Clermont où défilaient nos volontaires, on est saisi par la solitude et la pauvreté des campagnes, l'aspect misérable des villages de ce pays désolé. La ville elle-même, resserrée dans ses remparts, presse ses maisons sur des ruelles sombres et tortueuses et est aussi déshéritée que le pays qui l'entoure. Il fallait la splendeur de l'été et l'entrain de la jeunesse pour que des Angevins, habitués à d'autres spectacles, en aient tracé un tableau enchanteur. « Verdun, « écrivait l'un d'eux [1], a trois quartiers, le haut, le bas, le « neuf, et tout cela est peuplé de douze à quinze mille « âmes [2]. La situation ne laisse rien à envier à aucune autre ; « une jolie rivière qui porte ici bateau, des plaines, des « bois, une verdure foncée et de beaux ombrages. La Meuse « s'y divise en cinq bras et forme des îles où, si nous étions « en temps bucolique, je dirais que se bercent les Amours et « que les Grâces s'en vont folâtrer... »

Depuis plusieurs mois, tant de troupes avaient défilé sous les poternes et sur les ponts de Verdun que l'entrée de ce fringant bataillon eut lieu sans ovations. Il s'installa dans les bâtiments de la citadelle, sur la ville haute, et devint le noyau de la garnison. Mais aucun courant sympathique ne s'établit entre les Angevins et la population verdunoise. Les volontaires, qui avaient pris l'habitude de donner des leçons de patriotisme partout où ils passaient, trouvèrent ici une ville arriérée et rebelle à leur prosélytisme.

[1] Geslin à son père, 8 août 1792. Grille II, 154.
Jean-Wilfrid Geslin était sous-lieutenant à la 6e compagnie du bataillon ; devint chef d'escadrons, aide-de-camp de Lemoine.

[2] D'après un mémoire conservé au secrétariat de la mairie de Verdun (série Q, liasses, pièces diverses), il y avait 10.787 habitants à Verdun en 1791.

« ... Le peuple (de Verdun), écrit Geslin [1], est dévôt, « beaucoup plus qu'en général on ne l'est dans les contrées « de l'Est. Il affluait à neuf paroisses, et particulièrement à « trois églises : Saint-Vanne, Notre-Dame et la Madeleine, « qui s'élèvent entre les autres avec leurs clochers en pyra- « mides. Saint-Vanne... est une ancienne abbaye de béné- « dictins, dont on a fait une caserne et où l'on veut mettre « de la cavalerie. Cela ne plaît point aux habitants. L'an- « cien évêque [2] qui, avec quatre-vingt ou cent mille livres « de rentes, avait le titre de comte de Verdun et prince du « Saint-Empire, résidait peu. Mais, quand il daignait venir « passer quelques mois dans son diocèse, il y était adulé par « les belles dames. Le nouvel évêque [3], l'assermenté, n'est « pas en odeur près d'elles. Pour le soutenir et lui agréer, « pour obéir au ministre de la guerre, on nous fait aller « en corps à la messe de midi. Les uns disent : c'est édifiant ; « les autres : c'est scandaleux. Il est certain que nous ne « sommes pas trop là, comme la légion thébéenne, et que si « nous sommes prêts à nous faire martyrs, c'est de la liberté « non de la foi.

« Quoi qu'il en soit, nous suivons le commandant où il « nous mène, et il a si bien fait son compte que, jusqu'à « présent, il est parvenu à empêcher toute querelle entre « les volontaires et les cafards.

« A Verdun, comme à Angers, il y a une garde nationale, « mais non pas, comme à Angers, nombreuse, et j'ajouterai « que dans ses rangs, à côté des patriotes, il se trouve bien « des hommes qui sont pour le roi, l'ancien roi, sans Cons- « titution et sans cocarde. Comment compter sur eux s'il « faut soutenir un siège? Ils sont aisés, même riches ; ils « ont des liqueurs et des dragées, c'est le pays, et je doute

[1] Geslin à son père, 8 août 1792. Grille, II, 154.

[2] Mgr Desnos, émigré et réfugié à Trèves d'où il correspondait avec ses anciens paroissiens.

[3] Mgr Aubry.

« qu'ils veuillent troquer tout ce bien-être grossier contre « une liberté dont je n'ai pas vu qu'ils fissent grand cas.

« Il y a deux ou trois cents ans, Verdun était ville impé- « riale et libre. Qu'a-t-elle fait alors de ses franchises? Ne « pouvant les garder que par la guerre, elle leur a préféré le « repos. Elle s'est donnée à nos rois pour avoir la paix. « Depuis, elle est demeurée tranquille et sans regret aucun « de sa vieille indépendance. Aujourd'hui cependant, placée « aux portes de l'Argonne et destinée à défendre un des « passages qui conduisent en droite ligne à Paris, changera- « t-elle d'allure et d'esprit? Renoncera-t-elle à ses mille « jouissances pour se hérisser de coulevrines et s'enve- « lopper dans le grand linceul plutôt que de porter ses clefs « aux amis de ses vieux maîtres?

« Là-dessus, moi, je n'ai pas l'ombre du doute, et je la « vois déjà qui plie le genou.

« Mais nous sommes là, nous autres, pour faire bonne « garde. Les feuilles de Paris nous arrivent et nous avons « nos petits clubs militaires où je vous prie de croire qu'on « est à la hauteur. En trinquant, en fumant, en devisant, « on se stimule, on se monte, et je suis du moins rassuré sur « le bataillon : il ne fléchira pas. Le poste où on l'a mis, il le « gardera et, si Verdun succombe, dites hardiment que « c'est que pas un de nous n'aura plus une goutte de sang « dans les veines. »

Sans donner à cette lettre plus d'importance qu'elle n'en mérite, surtout quand elle provient d'une source aussi douteuse que le recueil de F. Grille, nous croyons qu'elle expose assez bien l'opinion que se faisaient d'eux-mêmes et des Verdunois les volontaires de Maine-et-Loire. Les uns et les autres n'ont cessé de se rejeter la responsabilité des événements, et, dès maintenant, nous allons voir combien la vérité est difficile à discerner.

Verdun relevait du commandement de la Fayette, général en chef de l'armée du Nord [1]. Par une lettre, en date du 14 février 1792 [2], ce général avait délégué au maréchal-de-camp de Ligniville, résidant à Montmédy, la direction de l'arrondissement de Verdun et, par un autre ordre dont personne n'a encore trouvé trace, le commandement de Verdun aurait été confié à un nommé Gallois.

Tout ce qu'on sait du rôle de ce personnage à Verdun se réduit à ce qu'en disent dom Ybert dans sa Pétition du 11 novembre 1792 [3] et J.-B. Cavaignac dans son Rapport du 9 février 1793 à la Convention nationale [4]. « Le comman-« dement de Verdun, dit-il, avait été confié à Gallois. Cet « officier justifia bientôt le choix de Lafayette. Sa conduite « et ses propos le rendirent suspect aux patriotes ; la joie « qu'il manifesta, lors des premiers revers des armes de la « République, indigna la municipalité. Elle dénonça son incivisme et le commandement lui fut retiré. Galbaud le

[1] On désigne souvent sous le nom d'armée des Ardennes ou de la Meuse la fraction de l'armée du Nord qui occupait la région de Sedan. Verdun relevait de cette fraction de l'armée du Nord.

[2] Biblioth. de Verdun, mss. *Verdun-Révolution*, II, 194.

[3] *Pétition prononcée à la barre de la Convention nationale, sur la prise de Verdun, le 11 novembre 1792, l'an 1er de la République, par le citoyen Ybert*, in-8° de 15 pages, à Paris, de l'imprimerie du Cercle social, rue du Théâtre français, n° 4.

Voir le compte rendu sommaire : *Moniteur* du 13 novembre 1792, n° 318.

Dom Nicolas-Étienne Ybert, né à Dun le 8 septembre 1744, devenu procureur général des bénédictins du couvent de Saint-Vanne, vicaire épiscopal de la cathédrale de Verdun, dépose à Paris, le 19 novembre 1793, ses lettres d'ordination, devient professeur, puis principal du collège et de l'École secondaire de Verdun et bibliothécaire de la ville. Mort à Verdun en 1822.

[4] *Rapport fait au nom du Comité de sûreté générale et de surveillance par J.-B. Cavaignac, sur la reddition de Verdun.* Imprimé par ordre de la Convention nationale. De l'imprimerie nationale, sans date, in-8°, de 40 pages, dont 10 de pièces annexes.

Voir sa lecture et la discussion du décret qui suivit, *Moniteur* du 11 février 1793, n° 42.

« remplaça le 21 juin (1792). » Les auteurs qui ont traité le sujet ont reproduit ce passage, en l'altérant plus ou moins, mais aucun n'a précisé les faits reprochés à Gallois, ni les dates de son arrivée et de son départ. Ils laissent entendre, comme Cavaignac, que Galbaud remplaça directement Gallois au commandement de Verdun.

Or, il résulterait d'une lettre de Beaurepaire aux administrateurs du département de Maine-et-Loire que Gallois avait disparu de Verdun au commencement de juin 1792, et peut-être depuis longtemps. Beaurepaire écrit, en effet, le 3 juin [1] : « ... Nous sommes arrivés (à Verdun) hier... « Je me trouve, par les circonstances, commander dans « la place... » Mais Beaurepaire ne prend pas alors au sérieux son nouveau commandement ; il se considère comme un gouverneur honoraire et ne pense qu'à son bataillon.

Le décret du 5 mai 1792 avait porté à 800 hommes l'effectif, primitivement fixé à 574 hommes, des bataillons de volontaires. Beaurepaire, très préoccupé d'arriver à ce chiffre, s'embrouillait dans ses comptes. Le 11 mai, il avait écrit, d'Alençon, aux administrateurs de Maine-et-Loire : « ... Il manque encore dix hommes que je vous prie de « nous envoyer le plus tôt possible. Je sais que je dois les « demander à l'officier général. Je lui en avais déjà demandé « dix-huit. Neuf ont rejoint. Ainsi les douze qui nous « manquent ce n'est que trois hommes de plus... Je pré- « sume que vous aurez reçu des ordres du ministre pour por- « ter le bataillon à huit cent. Persuadé de l'intérêt que « vous prenez au corps, il est très instant que cette augmen- « tation soit effectuée le plus tôt possible afin de pouvoir « les instruire, qu'ils soient en état de se bien montrer en « secondant leurs camarades qui sont tous portés de la « meilleure volonté... » Comme plusieurs vides s'étaient

[1] Beaurepaire aux administrateurs de Maine-et-Loire. Archives départementales de Maine-et-Loire, L, 585 *bis*, 28, citée avec altérations par Grille, II, 30.

encore produits pendant la route d'Alençon à Verdun, on était loin de l'effectif de huit cents hommes, et justement la première lettre de service que Beaurepaire trouve à Verdun est une circulaire de la Fayette rappelant que tous les bataillons de volontaires, dans son armée, doivent être au complet. Beaurepaire s'en inquiète et insiste de nouveau auprès des administrateurs de Maine-et-Loire qui lui promettent « qu'incessamment il n'y aura pas dans le corps « un homme de manque ». Le 11 juin, arrivent trois recrues « en bonne santé », mais le 24 juin on congédie un homme pour sa mauvaise conduite, et six bons sujets passent dans la gendarmerie de Maine-et-Loire, au grand regret de Beaurepaire et du capitaine des grenadiers. Il est arrivé des recrues, mais « il nous manque encore 214 pour nous mettre à 800 ». Le 16 juillet, on signale, de Paris, le passage de légions de volontaires auxquels on fait traverser la ville pour animer le peuple ; ils défilent devant l'Assemblée nationale et le président donne l'accolade aux chefs. On y a vu des Angevins qui vont rejoindre leurs camarades à Verdun : « ils ont bon pied, bon œil ». Le 28 juillet, il était arrivé 94 recrues ; le bataillon a 649 hommes. Le 20 août il en a 730 [1].

Beaurepaire se montre en même temps aussi actif administrateur que bon recruteur d'hommes. Nous avons déjà vu qu'il parle dans toutes ses lettres de l'habillement de son bataillon. Il continue à Verdun.

Le 11 mai, il prévoit qu'il passera à Verdun un marché pour une fourniture de chapeaux. Le 3 juin, il fait relancer le sieur Goulet, culottier : « ... Nous avons absolument « besoin, dit-il, des 150 culottes qu'il nous avait promises

[1] Lettres de Beaurepaire. Archives départementales de Maine-et-Loire. L. 585 *bis*, 25, 28, 29, 30, 31, 33. — Grille, II, 18, 30, 31, 32, 57, 72, 114-120, 211. — Lettre des commissaires du département de la Meuse envoyés de Bar-le-Duc à Verdun, 23 août 1792. Bibliothèque de Verdun, m. s. s. *Verdun-Révolution*, II, 16.

« pour le 15 mai. Plusieurs de nos volontaires n'ont que « des pantalons que je leur ai fait faire par nécessité... » Le 11 juin, il proteste contre une livraison de trois vestes. Elles n'ont pas de manches, et le derrière n'en est qu'en coton de Nantes.

« ... Il faut qu'elles soient faites en total de drap avec « un bordé de rouge au collet et aux manches... sans « cela les habits sont usés au bout de six mois et, pour « faire la guerre et travailler presque tous les jours à la « terre on ne peut le faire qu'en veste ... » Le 24 juin, il s'agite à nouveau sur la question des culottes qui ne sont pas encore arrivées, et dont les volontaires ont le plus grand besoin. Il s'occupe du règlement de la fourniture des chapeaux commandés à Verdun, et d'une fourniture ancienne de culottes de peau, livrées à Guérande et qu'il ne faut pas payer parce que le chamoiseur n'a pas donné satisfaction. Le 28 juin, il écrit aux administrateurs de Maine-et-Loire : « ... J'ai remarqué avec peine que le drap des habits des « recrues que vous nous avez envoyés est de mauvaise « qualité. Plusieurs ont déjà leurs habits troués. Sans doute « il y a de la mauvaise foi dans celui qui le fournit, car je « suis persuadé que vous n'avez pas reçu d'aussi mauvais « drap... » Le 20 août, il réclamait encore des fonds pour solder la fourniture des chapeaux [1].

Tel est le fond de la correspondance de Beaurepaire pendant son séjour à Verdun et son premier commandement dans cette place.

Quand un chef militaire unit des vues d'ensemble au souci des détails, c'est un grand capitaine. Beaurepaire, soldat ou sous-officier pendant onze ans, officier subalterne pendant vingt-trois ans, aurait fait, nous le constatons, un

[1] Beaurepaire aux administrateurs de Maine-et-Loire. Archives départementales de Maine-et-Loire. L. 585 *bis*, 25, 28, 29, 30, 31, 33. — Grille, II, 31, 32, 58, 115, 212.

excellent major. Mais, chargé en même temps d'un haut commandement, il le négligea pour s'absorber dans des détails qu'il pouvait déléguer à un de ses inférieurs. C'était, au dire du capitaine Prille [1], « un très brave homme « mais il avait peu d'habitude du commandement et il « était peu propre, dit-on, à mettre l'ordre convenable « dans des circonstances si nouvelles, si imprévues et véri« tablement difficiles ». — « Jamais, dit l'émigré Damp« martin [2], ses idées ne s'étaient élevées jusqu'à la commis« sion importante qu'il devait aux circonstances. » Il paraîtrait, a entendu dire Mérat [3], que c'était « un homme « un peu commun ». Ces appréciations de contemporains confirment l'impression qui se dégage de la correspondance de Beaurepaire.

Dans ces mêmes lettres où il discute longuement sur des questions secondaires, il s'inquiète peu de l'approvisionnement ou des fortifications de la place dont il est gouverneur. La guerre est déclarée; l'ennemi est près de Verdun qui va être investi d'un jour à l'autre ; rien n'est prêt pour la défense, du moins tout le monde le crie ; le commandant Beaurepaire est seul à conserver un imperturbable optimisme, une passive résignation.

« ... La place, écrit-il, le 3 juin, est un point très inté« ressant par les magasins qu'elle renferme. L'on travaille « aux fortifications. Mais les bras manquent, tous les « ouvriers étant partis pour l'armée qui est campée et « cantonnée depuis cinq jusque huit lieues d'ici. Le bruit « court que les émigrés, d'accord avec les Allemands, « attendent le mois prochain pour faire leur incursion.

[1] Chuquet, *La première invasion prussienne* (p. 229), d'après le *Mémoire* (16 septembre 1798) *du capitaine du génie Prille*, conservé aux Archives de la guerre.

[2] Dampmartin, *Quelques traits de la vie privée de Frédéric-Guillaume II*, un vol. 1811, p. 114.

[3] Mérat, p. 80.

« L'on n'est pas sans inquiétude. Mais sans les craindre je « présume que nous resterons ici tout le mois de juin « étant presque seuls de troupes, excepté environ « 300 hommes des dépôts. J'ai vu ce matin M. Le Veneur, « maréchal de camp, qui doit faire venir un bataillon de « gardes nationales pour renforcer la garnison... » « ... Tout est assez tranquille pour le présent, écrit-il « le 11 juin. Nous exerçons deux fois par jour afin de nous « bien montrer dans l'occasion. » — Enfin, il écrit, le 24 juin : « ... M. de Lafayette vient de nommer un com« mandant pour cette place. C'est un lieutenant-colonel « d'artillerie, militaire instruit et bon patriote. Il a l'ordre « de mettre la ville dans le meilleur état de défense ; elle en « a grand besoin vu qu'il paraît que l'ennemi a le projet « de venir brûler nos magasins, ce qui nous ferait un tort « considérable..[1] »

Il est donc évident que Beaurepaire ne s'est pas considéré comme gouverneur de Verdun, du 2 au 22 juin, alors qu'il commandait en fait. Personne ne l'avait régulièrement investi de telles fonctions et l'idée de les exercer, sans un ordre précis, ne venait pas à cet esprit habitué, par trente-quatre ans d'emplois subalternes, à laisser tout prévoir et ordonner par d'autres. Sans doute, Beaurepaire a regretté plus tard son manque d'initiative et les vingt jours perdus, mais jusqu'à quel point en est-il responsable?

Il avait reçu de Gallois, ou d'un autre, un commandement mal défini. Il l'a remis, le 22 juin, à Galbaud ; il l'a repris, le 12 août, sans plus de formalités, et nous comprenons la conclusion des enquêtes de Cavaignac[2]. Ne pouvant établir de responsabilités, il fit retomber sur le pouvoir

[1] Beaurepaire aux administrateurs de Maine-et-Loire. Archives départementales de Maine-et-Loire. L. 585 *bis*, 28, 29, 30. — Grille II, 30, 32, 57.

[2] *Rapport de Cavaignac*, p. 23-24.

exécutif, sur La Fayette et « Louis Capet » tout le poids des fautes commises [1].

Le nouveau gouverneur, M. de Galbaud [2], était un lieutenant-colonel du 6e régiment d'artillerie, réputé bon militaire et connaissant son métier, mais dont l'attitude, au cours des événements qui vont suivre, est souvent énigmatique.

Nommé à ce poste le 20 juin 1792 par le maréchal-de-camp Leveneur, il arrivait à Verdun, le 22 juin, muni d'instructions assez vagues. « ... Je vous prie, lui « avait écrit, le 21 juin, le général Leveneur [3], de ne rien « négliger, ni argent, ni moyen d'aucune espèce pour mettre « Verdun dans l'état de défense le plus respectable, et ce, « le plus promptement possible ; ainsi, s'il faut requérir « les municipalités de fournir les ouvriers ou d'augmenter « le prix des salaires, n'épargnez rien, faites faire des batte- « ries en attendant des pièces, etc. Tout sera bien pourvu « que Verdun soit en bon état de défense... »

Galbaud nous a raconté lui-même, dans ses Observations,

[1] Ce grief a été reproché particulièrement à Louis XVI. On lit dans son interrogatoire du 11 décembre 1792 :

Le Président : ... Tel a été le succès de votre conspiration que les places de Longwy et de Verdun ont été livrées aussitôt que les ennemis ont paru. Qu'avez-vous à répondre?

Louis : ... Ce n'est pas moi qui ai dégarni les places : je ne me serais pas permis une pareille chose ; je n'en ai aucune connaissance, si elles l'ont été. — *Moniteur* du 13 décembre 1792, n° 348.

De Sèze, au contraire, dans sa plaidoirie, a voulu donner à Louis XVI l'honneur du choix de Beaurepaire : « Quant à Verdun, qui donc avait nommé ce commandant aujourd'hui si célèbre par son héroïsme, ce Beaurepaire qui a mieux aimé mourir que de se rendre, si ce n'est Louis?... » Voir *Mémoires de Choudieu...*, p. 268.

[2] Galbaud du Fort (François-Thomas), fils de Philippe-François Galbaud du Fort, conseiller du roi, et d'Agnès du Breuil, né à Nantes, le 25 septembre 1743, mort au Caire, en 1802, pendant l'expédition d'Égypte.

[3] Cité par Pionnier, p. 124, d'après les *Papiers de Galbaud*, Archives nationales m. s. s. section législative, correspondance, 172.

ce qu'il a fait à Verdun. Nous connaissons encore sa proclamation du 25 juin 1792 aux soldats de la garnison pour les engager à travailler aux remparts, et celle du maire aux habitants pour les exhorter à suivre cet exemple : « ... Les corps administratifs se sont fait inscrire... La « Patrie compte sur vous et les couronnes civiques vous « attendent.[1] » On attribue aussi à Galbaud la correspondance anonyme datée de Verdun, 19 juillet, et insérée au *Moniteur* du 2 août (n° 215). On y lit que l'armée de La Fayette, se rendant de Metz à Sedan, arrive à Damvillers, à huit lieues de Verdun et qu'on attend, pour le 24, l'armée du maréchal Luckner, qui va à Metz[2]. « Toute la « ville (de Verdun) est en l'air pour préparer les vivres et « fourrages pour ces deux grands passages. Nos approvi- « sionnements ici sont immenses. On pense que l'ennemi, « qui est instruit de tout ce qui se passe ici, en était instruit « et qu'il se proposait de les enlever... » Il aurait d'autant plus beau jeu, ajoute le correspondant, que la garnison est faible, l'artillerie insuffisante, les remparts en mauvais état. Ce réquisitoire anonyme est étrange s'il émane du gouverneur de Verdun, et le fait n'est cependant pas impossible, car nous trouvons quelques jours plus tard, au *Moniteur*, une lettre tout aussi singulière où Galbaud dénonce ses camarades qui ont soutenu La Fayette[3]. Combien nous préférons, dans cette circonstance, la bonne humeur et l'indulgence de Beaurepaire ! « ... Il paraît, « écrit-il, que l'ennemi a le projet de venir brûler nos « magasins... Notre compagnie de grenadiers est toujours

[1] Cité par Pionnier, p. 125, d'après Archives nationales, F. I. C. III, 10, liasse.

[2] Il s'agit ici de l'extraordinaire chassé-croisé qui eut lieu entre les armées du Centre et du Nord. Voir Chuquet, *La première invasion prussienne*, p. 49.

[3] *Moniteur* du 27 août 1792, n° 240. — Voir A. Chuquet, *La première invasion prussienne*, p. 56.

« à Longuyon. Ils ont un poste à l'avance qui les met à « même de voir de temps en temps les hulans. Il n'y a « pas encore eu d'attaque entre eux, ils s'observent. Je « crois que le mois prochain verra porter les grands « coups. Nos volontaires vivent de la meilleure intelligence « avec les citoyens et les militaires. Je suis on ne peut plus « content de la conduite et des exercices du bataillon... « Environ 18.000 hommes de l'armée de Luckner ont « campé ici le 24 (juillet), ils vont aux environs de Metz. « J'ai trouvé cette armée pleine de bonne volonté, mais « pas assez d'ordre, ce qui pouvait provenir de la grande « fatigue où je les ai vus. L'armée de La Fayette, le « 27 (juillet), a voulu attaquer un corps ennemi près « Longwy. Le succès aurait été certain sans la trahison « de deux ci-devants qui ont déserté leur corps pour les « avertir. Le tout s'est borné à une action où nous avons « eu l'avantage. Il y a eu environ quarante des nôtres « de tués ou blessés. Nos grenadiers sont campés avec « l'avant-garde de l'armée, ils n'ont perdu personne. « Cette compagnie fait l'admiration de l'armée tant par sa « bonne tenue que pour le bon ordre... [1] ».

Le 5 juillet, le général Leveneur vint inspecter les ouvrages de Verdun ; il y était déjà venu le 28 juin, mais ces visites ne devaient pas avoir un grand résultat pratique. Leveneur, dit Dumouriez, « ... est un homme très brave « et plein d'ambition, mais sans tête : les soldats l'aiment « parce qu'il est affable et qu'il porte une énorme mous- « tache et un bonnet de police... [2] ».

[1] Beaurepaire aux administrateurs de Maine-et-Loire, 24 juin et 28 juillet 1792. Archives départementales de Maine-et-Loire. L. 585 *bis*, 30, 31.

[2] Leveneur émigra avec La Fayette après avoir essayé d'entraîner ses troupes contre les émeutiers du 10 août, à Paris. « D'une main repoussez les ennemis de la frontière, disait-il à ses soldats ; de l'autre, punissez les factieux... » Il revint peu après et son grade lui fut

Le 11 juillet, Galbaud réunit tous les chefs de corps et de services de la garnison pour arrêter différentes mesures de défense et de police ; Beaurepaire a signé le procès-verbal de ce conseil de guerre [1]. C'est à peu près tout ce qu'on sait du commandement de Galbaud à Verdun. En revanche on est assez bien renseigné sur l'état de défense où il laissa la ville.

Quand une place capitule après une médiocre résistance, ses défenseurs s'excusent toujours sur l'insuffisance des moyens matériels de défense ; il en résulte des rapports et enquêtes contradictoires d'où jaillit la vérité. C'est ce qui arriva pour Verdun et, dans cette monographie, ce point sera le seul sur lequel tout le monde se trouve d'accord, ou à peu près.

Les sources principales auxquelles ont puisé nos prédécesseurs sont : la correspondance anonyme du 19 juillet 1792, insérée au *Moniteur* du 2 août, dont nous avons parlé ; une lettre, en date du 23 août 1792, des commissaires du département de la Meuse envoyés de Bar-le-Duc à Verdun, et rendant compte de leur mission à leurs collègues [2] ; le rapport de ces commissaires au conseil général du département, à leur retour, le 25 août [3] ; un rapport analogue fait dans la séance du 29 août du Conseil général de la Meuse [4] ; les procès-verbaux des délibérations du 1er septembre des corps administratifs [5] et du 2 septembre du Conseil défensif de Verdun sur la nécessité de capituler [6] ;

rendu. — *Moniteur* du 21 août 1792, n° 234. — *Mémoires du général Dumouriez*, édition Barrière, 1862, p. 250.

[1] Archives du secrétariat de la mairie de Verdun, I''', fortifications.

[2] Bibliothèque de Verdun, m. s. s. *Verdun-Révolution*, II, 16

[3] *id.*, 196.

[4] *Id.*

[5] Annexe n° 6 du *Rapport de Cavaignac.*

[6] Cahier d'enregistrement des délibérations du Conseil défensif de Verdun. Secrétariat de la mairie de Verdun, I'', 2.

le rapport de Cavaignac à la Convention nationale et pièces annexes ; les Observations de Galbaud.

Même en s'appliquant à faire ressortir de ces divers documents les chiffres favorables à leurs thèses contradictoires, on constate que dom Ybert dans sa pétition, Vistot [1] et Mondon dans leurs mémoires inédits, Dufour [2], Grille, Mérat, Dommartin, Pionnier dans leurs ouvrages spéciaux sur Verdun en 1792, sont forcés d'arriver à des conclusions presque identiques. Les histoires générales, sans entrer dans les mêmes détails, donnent aussi des appréciations concordantes. En un mot, les conclusions suivantes doivent serrer de très près la vérité.

Si, au moment du siège, beaucoup d'ouvrages avancés n'étaient pas terminés, les enceintes de la ville et de la citadelle étaient continues, sans brèches, couvertes par des fossés profonds de deux mètres et pleins d'eau. Les écluses furent lâchées le 26 août. Le rempart est susceptible de résister au moins à un premier assaut. Le maire de Verdun en 1792, Caré fils, a bien déclaré, dans son interrogatoire du 14 octobre 1792 par les commissaires de la Convention, qu'il existait aux remparts de Verdun, avant le siège, « une brèche à la citadelle et une à la porte de Puty [3] ».

[1] *Mémoire historique militaire sur la ville de Verdun (Meuse), par M. Vistot, officier au 14e léger.* 1836. M. s. s. petit in-4°, bibliothèque de Verdun, n° 166.

On trouve, au chapitre x de ce mémoire, un récit, présenté sans passion, du siège de Verdun en 1792, et d'autant plus précieux à consulter que Vistot a recueilli des témoignages contemporains.

[2] *Mémoire historique-militaire sur la ville de Verdun (Meuse) par M. Alexandre Dufour, lieutenant au 57e de ligne*, in-8° de 156 pages, Verdun, Lippmann, grande rue Mazel, sans date (est de 1842).

Pour la partie révolutionnaire (p. 90 à 145), Dufour a copié presque littéralement, mais sans la mentionner, la *Notice* inédite de Mondon. Il y a ajouté quelques commentaires et témoignages contemporains.

[3] *Rapport de Carra, Sillery, Prieur de la Marne, commissaires à l'armée du Centre*, op. in-8° petit texte, de l'Imprimerie nationale, 1792. — Archives nationales. C. II, 11. — Bibliothèque de Verdun, m. s. s. *Verdun-Révolution*, II, 68.

Mais, à notre avis, ce témoignage ne doit pas être retenu, car si ces brèches avaient existé le Conseil défensif aurait eu un prétexte de capitulation et n'aurait pas manqué d'en faire état dans son procès-verbal du 2 septembre 1792 où il donne tant de mauvaises raisons pour justifier la reddition de la place [1].

L'artillerie [2] se composait de 48 pièces, dont quatre du calibre de 24, onze du calibre de 12, les autres de divers calibres, dix mortiers et six pierriers. Il y avait en outre deux pièces de campagne appartenant au bataillon de Maine-et-Loire, et deux à celui de la Charente-Inférieure. On possédait un approvisionnement normal et une réserve de deux cent milliers de poudre, 99.000 boulets pour les quatre pièces de 24, et 22.511 seulement pour l'ensemble des autres pièces. En signalant l'anomalie de cette répartition des projectiles, Galbaud en avait fait état pour réclamer l'envoi de canons de 24. Il ajoutait que Verdun, sans fortifications avancées, ne peut se défendre qu'avec des pièces de gros calibre portant jusqu'aux collines qui l'entourent de toutes parts. Au lieu de canons du calibre de 24, on en reçut du calibre de 12, et Galbaud, la garnison, les habitants, virent une « trahison évidente » où il n'y avait peut-être que pénurie ou désarroi de l'administration militaire.

L'arsenal, après avoir distribué douze cents fusils aux gardes nationaux de la ville, conservait une réserve de six cents fusils de rempart, cent quarante-trois d'infanterie, trois cent soixante-huit de dragons, trente-sept d'artillerie, une centaine de sabres et épées. Mille fusils, qui avaient été promis à Galbaud, ne furent pas envoyés.

On avait des vivres pour nourrir, en cas de blocus absolu, une garnison de cinq à six mille hommes pendant

[1] Archives du secrétariat de la mairie de Verdun, I'', 2.

[2] Voir arch. nat. W. 2. 3e dossier, 1, Inventaire général de l'artillerie de Verdun (1er juillet 1792).

douze à quinze jours. Des fours avaient été construits, à côté des anciens, pour la fabrication du pain.

La garnison a été généralement évaluée entre 3.000 et 4.500 hommes. Le 30 août, Dumouriez l'évalue à 4.000 hommes, sans compter la garde nationale [1]; c'est un chiffre officiel. M. Pionnier, en comptant les gardes nationaux de Verdun et ceux des cantons voisins qui purent y pénétrer, la porte à 6.500 hommes, dont 4.354 pour les dépôts de troupes de ligne et les bataillons de volontaires [2]. De toutes les évaluations faites, cette dernière nous a paru la plus fondée. Sur ce nombre, il n'y avait que 50 canonniers exercés, et c'est le point sur lequel on a le plus récriminé. Mais il est avéré que d'anciens officiers en retraite avaient instruit à cet exercice un certain nombre de volontaires. On aurait formé quinze à vingt canonniers dans le seul bataillon de Maine-et-Loire [3]. Enfin, Vercly, directeur de l'artillerie de la place, et Bousmard, directeur du génie, ont déclaré, le 28 août [4], que les 50 canonniers de profession suffisaient parce qu'il « était d'usage de n'attacher à chaque pièce qu'un ou « deux canonniers proprement dits, que le surplus du ser- « vice se faisait par des servants qui étaient au nombre « de 300 ».

Le relevé de ces moyens de défense a été, comme nous le disions, plusieurs fois établi, mais personne, à notre connaissance, n'a étudié l'état-major de la place, c'est-à-dire l'âme de la résistance [5].

[1] Lecture à l'Assemblée nationale, par le ministre de la guerre, d'une lettre de Dumouriez, séance du 31 août (matin), *Moniteur*, nº 246.

[2] Pionnier, p. 137, 138.

[3] Grille, II, 222.

[4] Rapport des commissaires de Bar-le-Duc au Conseil général du département, séance du 29 août 1792. Bibliothèque de Verdun, m. s. s. *Verdun-Révolution*, II, 196.

[5] Le décret du 2 juillet 1792, sur le licenciement de certains états-majors, ne s'appliquait pas à Verdun.

Au moment du siège, Galbaud a disparu. Il avait donné une intelligente impulsion aux travaux en faisant abandonner un plan trop vaste, pour lequel le temps manquait, et en se bornant à l'exécution du nécessaire. Il avait obtenu quelques canons. Mais en voyant la trahison partout, dans une confusion de matériel comme dans un mouvement de troupes [1], en manifestant ouvertement cette défiance, en sollicitant et en obtenant son départ à la veille du siège, remplissait-il le premier devoir d'un gouverneur de place forte? La lettre suivante, d'un volontaire du premier bataillon de Maine-et-Loire, n'est peut-être pas authentique, mais le sentiment qu'elle exprime est exact... « Avant nous, écrivait-il le 8 août [2], le commandant de « Verdun était un général, un vieil officier d'artillerie, « Galdeaux ou Galbaud, qui n'a pas voulu rester dans une « place si mal approvisionnée. Je ne sais où il est; c'est un « vieux reître qui a eu l'art de ne pas s'aventurer à tenir « contre une armée commandée par Brunswick... » Ainsi Galbaud affaiblissait le prestige du gouverneur et laissait à Beaurepaire une succession difficile. Malgré la différence des connaissances techniques, Beaurepaire, comme gouverneur, valait Galbaud et avec lui la place aurait été matériellement moins forte, mais moralement supérieure.

Le directeur du génie, « l'ingénieur » comme on disait alors, était Henri-Jean-Baptiste de Bousmard, né à Saint-Mihiel le 4 mars 1749. Il sortait de l'école de génie de Mézières, et était capitaine en 1788. Il avait beaucoup de relations dans la région ; son père avait été président à mortier au parlement de Metz ; un de ses parents, « Henri-« François de Bousmard, officier supérieur en retraite, « dernier rejeton mâle d'une des plus illustres familles

[1] L'envoi de canons de 12 au lieu de 24 ; le rappel du bataillon de Seine-et-Marne au camp de Fontoy, le 3 août 1792.

[2] Geslin à son père. Grille, II, 155.

« de Lorraine » a légué sa fortune à sa ville natale de Saint-Mihiel. L'ingénieur de Verdun avait représenté le duché de Bar, comme député de la noblesse, à l'assemblée des notables élue le 31 mars 1789. La Fayette se portait garant, auprès du ministre Lajard, de son zèle, de sa loyauté et de son talent. Il a prouvé sa capacité en défendant Dantzig, en 1807, pour le compte des Prussiens, contre le maréchal Lefebvre et en écrivant un « Essai général des fortifications ». On le soupçonne d'avoir trahi en 1792, bien que l'accusation ne repose sur aucune preuve. On cite même à son actif une déposition faite à Verdun, devant notaire, le 18 décembre 1792, par soixante terrassiers de la ville, qui certifient de son zèle avant le siège et qu'il n'a jamais paru sur les chantiers ni donné aucun ordre pendant l'occupation prussienne. Cependant son départ avec les alliés et son attitude ultérieure sont des charges contre lui, et ont prêté aux commentaires contemporains [1].

Vercly, directeur de l'artillerie de la place, est un ancien officier qui avait abandonné le service pour cause d'infirmités. « Sa santé, ne lui permet pas de supporter les fatigues « de la guerre [2]. » Secondé par le capitaine d'artillerie Grivel et le garde-magasin Schladenhoff, il paraît organiser son service avec zèle. Il est souvent accusé d'avoir trahi, comme Bousmard, mais rien n'est moins prouvé, car on le retrouve dans les mêmes fonctions, à Verdun même, après le départ des alliés. Le 14 novembre 1792 il prête serment d'être fidèle à la nation et aux lois. En janvier 1793, il

[1] Pionnier, p. 166. — Chuquet, *La première invasion prussienne*, p. 228-229. — *Le testament de M. de Bousmard et la ville de Saint-Mihiel, par J. Collignon, avocat*, op. in-8° de 32 pages, à Bar-le-Duc, 1861. — *Éloge de Bousmard* par le colonel Augoyat, cité par Mérat, p. 54, 63. — Mérat, p. 26, 230. — *Arch. nat. W.* 2. 3e *dossier*, 82-87, *dossier du citoyen Bousmard fils.*

[2] Galbaud à la Fayette, 2 août 1792. Biblioth. de Verdun, ms. *Verdun-Révolution*, II, 13.

commandait encore l'artillerie de la place et, par excès de zèle, faisait confectionner des cartouches à fusil et à canon avec les livres de la bibliothèque publique [1].

Pichon, l'intendant militaire, commissaire des guerres, est à peu près convaincu de trahison. Il émigra comme Bousmard et on a saisi dans ses papiers une lettre accablante pour sa mémoire. Les citoyens Pons (de Verdun) et Drouet, commissaires de la Convention nationale dans le département de la Meuse, ont écrit dans leur rapport [2] : « Nous ne devons pas vous laisser ignorer un fait relatif « à Verdun. On a trouvé sous les scellés du traître Pichon, « commissaire des guerres au temps de la reddition de « cette ville, l'un de ceux que vous avez décrétés d'accu- « sation, une lettre signée de lui, dont voici les premières « lignes. Elle est adressée à un général alors en Savoie ; « son nom nous est inconnu. « Vous savez la prise de « Verdun, à laquelle j'ose vous assurer n'avoir pas peu « contribué en mettant en avant tous les moyens possibles « pour conduire cette ville à une prompte obéissance qui « la remit en vingt-quatre heures sous l'autorité légitime « du Roi mon maître... »

Louis Dresch, âgé de trente-trois ans en 1792, a été un des premiers partisans de la révolution à Verdun. Il est chargé, dès 1790, de missions de confiance : membre du

[1] Biblioth. de Verdun, ms. *Verdun-Révolution*, II, 219.

Lettre de Vercly au Conseil du district de Verdun, 28 janvier 1793 et délibération du 30 janvier du district. *Notice historique du catalogue de la biblioth. de Verdun*, section histoire, page XXXIII.

[2] *Rapport des citoyens Pons, de Verdun, et Drouet, commissaires au département de la Meuse, imprimé par ordre de la Convention nationale et réimprimé par ordre du Conseil général du département de la Meuse*, in-4° de 4 pages, sans date, Bar-sur-Ornin (*sic*), chez Brifflot, imprimeur du département. — *Moniteur* du 24 mai 1793, n° 144. — Vistot et Dufour dans leurs Mémoires et Grille dans son ouvrage (III, 79) ont parlé de cette lettre en termes inexacts et en l'attribuant injustement à Vercly. — Pièces relatives au commissaire Pichon (sept. 1792). Arch. nat. W 2, 3e dossier, 47-51.

comité patriotique et de la municipalité de Verdun, électeur pour l'Assemblée nationale, entrepreneur des fortifications de la ville. Pendant l'occupation prussienne son rôle est équivoque. Il continue les travaux de fortification sous la direction des Prussiens. On l'aurait vu, le 2 novembre 1792, à Arlon, en Luxembourg, avec Pichon et Bousmard, tous trois portant la cocarde blanche. Revenu à Verdun, il fait partie de la municipalité élue en décembre 1793 et dissoute pour ses agissements antérieurs. Mis en accusation, arrêté à Dieuze, incriminé d'entente avec les traîtres, on trouve à son dossier des pièces suspectes, une entre autres sans signature et attribuée au procureur Madin, qui lui disait : « ... N'entrez pas dans les détails de votre « conduite avant la reddition de la place, attendu que « vous n'étiez qu'un subordonné aux ordres de l'ingé- « nieur... » Il est mort avant la conclusion du procès[1].

Brunelly, aide-major de la garnison, est un vieux soldat de 70 ans. Il avoue naïvement que « les infirmités de son « âge l'ont forcé de se mettre au lit dès le premier jour du « bombardement ». Il n'est sorti de sa petite maison de la rue de Rippe, où il était alité, que pour apporter aux vainqueurs les clefs de la citadelle. Il a joué un rôle suspect pendant l'occupation prussienne et dans la disparition des archives de Verdun. Décrété d'accusation et arrêté, il est mort au cours des débats du procès, sans que la lumière ait été faite sur son compte[2].

Il y avait enfin, près de Beaurepaire, un officier qui aurait

[1] Biblioth. de Verdun, *ms.* 213, pièces judiciaires relatives à la reddition de Verdun, p. 105 et seq. ; *ms.*, 211, pages 169-178 ; ms. *Verdun-Révolution*, II, 174, 186. — Arch. nat. W. 352, 718, 1re partie, 25, 26, 3e partie, 10, 27, 66, 67, 84-87.

[2] *Requête à la Convention nationale par le citoyen Brunelly*, in-8 8 pages, sans date ; imprimerie nationale. — Procès et affaire des archives de Verdun, arch. nat., W, 352, 718. Biblioth. de Verdun ms. 213, p. 70 et seq ; ms 211, p. 17-23. — Lettre du citoyen Brunelly au Comité de surveillance, s. d. Arch. nat. W 2, 3e dossier, 42.

pu avoir une grande influence ; c'était Lemoine, son collègue comme lieutenant-colonel en second du premier bataillon de Maine-et-Loire. Mais ce camarade n'était pas un appui pour Beaurepaire.

Louis Lemoine[1], fils de Maurice Lemoine, marchand à Saumur, et de Françoise Corbinot, était né à Saumur le 23 novembre 1764. Il s'enrôla, le 13 mars 1783, au régiment de Brie-infanterie (24e de ligne) où il est connu sous le surnom de Belle-Humeur. Caporal en 1786, remis fusilier en 1790, congédié le 13 mars 1791, il s'engage cinq mois après au premier bataillon de Maine-et-Loire, en dispute le commandement à Beaurepaire aux élections du 16 septembre 1791 et n'obtient que la seconde place. Trois mois après, il cherche à passer dans la gendarmerie et, jusqu'à la mort de Beaurepaire, il joue au bataillon un rôle très effacé. Le 2 septembre 1792, il remplace son chef, fait la campagne de l'Argonne, est à Valmy, Nerwinden, Jemmapes, Valenciennes et conduit le bataillon à Lyon. Il reste de lui, aux archives départementales de Maine-et-Loire[2], quatorze lettres écrites pendant ces quelques mois et où il se montre rigide sur la discipline, sévère pour les incartades des volontaires, en cela l'opposé de Beaurepaire. Le 23 décembre 1793, il est nommé général de brigade à l'armée des Pyrénées-Orientales, quitte le bataillon et voit s'ouvrir devant lui une brillante carrière. Il est employé (15 février 1795) à l'armée des Côtes de Brest, sous Hoche, se distingue à Quiberon[3] et fait preuve d'une rigueur impitoyable dans un commandement en Morbihan.

[1] Archives administratives du ministère de la guerre, 273; citées par Pionnier, p. 213 (note). — C. Port, *Dictionnaire de Maine-et-Loire*, art. Lemoine. On remarquera que cet article, comme ceux concernant Beaurepaire, Delâage, Guitet, renferme quelques inexactitudes. — Grille II et III, passim.

[2] L 586.

[3] Voir son rapport inséré au *Moniteur*, an III, p. 1294.

Il aurait suivi Hoche à l'armée du Rhin et participé au coup d'État du 18 fructidor (4 septembre 1797) en occupant militairement les Tuileries. On le retrouve général de division (13 décembre 1797) aux armées des Côtes de l'Océan, de Sambre-et-Meuse, d'Italie (16 août 1798). Sa défense de Rome contre les Napolitains, les prises d'Aquila et de Popoli, la victoire qu'il remporte à Terni près de Spolète, sa participation à la défense de Gênes, sous Masséna, marquent le point culminant de sa fortune. C'était en 1799. Le Directoire le récompensa, le 20 nivôse an VII (9 janvier 1799), par le don d'une épée, d'un fusil et de deux pistolets avec leurs accessoires, qu'on peut voir aujourd'hui au musée de Saumur. Dans son portrait qu'on voit à la mairie de la même ville, le peintre l'a représenté tenant à la main la lettre de félicitations du Directoire [1]. D'après M. Chuquet [2], Lemoine se serait enrichi dans cette campagne par un pillage éhonté. N'ayant pas adhéré aux suites du coup d'État du 18 brumaire (9 novembre 1799), Lemoine fut mis, le 17 septembre 1800, en traitement de réforme et ne reparaît qu'en 1811 avec un emploi dans la place de Wesel, dont il devient commandant supérieur (5 février 1813). On l'accuse [3] d'être rentré en grâce près de l'empereur par une dénonciation de la

[1] Ce portrait, non signé, orne la salle des mariages à l'Hôtel de Ville de Saumur.

Sur la lettre que Lemoine tient à la main, on lit :

« Liberté, égalité. Paris, le 20 nivôse an VII. Le ministre de la « guerre au général de division Lemoine.

« Le général en chef de l'armée de Rome a rendu compte au Direc- « toire exécutif, citoyen général, du combat mémorable que vous « avez livré près de Terni, à la tête de 1.500 braves de la 97e demi- « brigade, dans lequel, sans artillerie, ni cavalerie, vous avez détruit « une colonne napolitaine forte de 6.000 hommes d'infanterie, 600 « chevaux et 9 pièces de canon, après avoir pris toute son artillerie, « 200 voitures de bagages, 600 soldats, 36 officiers et son général... »

[2] Chuquet, *La première invasion prussienne*, p. 222.

[3] *Ibid.*

conspiration Malet. Remis en activité comme général de division (17 juin 1813), il commande la sixième division *bis* d'infanterie du deuxième corps de la Grande-Armée (7 juillet 1813), puis la deuxième division du corps d'observation de Bavière (1er août 1813). Mis en non-activité le 1er septembre 1814, il est nommé, le 6 juin 1815, commandant supérieur de Mézières, s'y maintient pendant deux mois contre les troupes saxonnes et capitule, le 3 septembre, avec les honneurs militaires [1]. Admis à la retraite le 1er janvier 1817, il fit de fréquents séjours en Anjou, dans sa terre des Loges, commune de la Breille, bien national provenant de l'abbaye de Fontevrault et qu'il revendit en 1838. Il mourut en 1842 à Paris, dans son hôtel, place Louvois.

Aujourd'hui, Lemoine est moins connu par les détails que nous venons de citer que par son mémoire au roi Louis-Philippe sur la mort de Beaurepaire [2].

Louis-Philippe aimait à rappeler [3] qu'il avait commandé, dans sa jeunesse, le détachement envoyé, le 27 août 1792, par Luckner, de Metz à Mars-la-Tour au secours de Verdun ; qu'il avait fait la campagne de l'Argonne et celle de Jemmapes. Il en parla en 1830 à Lemoine qui lui présentait la députation de la garde nationale de Saumur, quand elle vint chercher ses drapeaux. Il lui en parla une seconde fois dans une autre occasion, à la réception officielle du 1er janvier 1835, croit-on, et lui demanda un rapport sur le siège de Verdun et la mort de Beaurepaire.

[1] Lemoine a écrit un *Mémoire adressé à S. Exc. le Ministre de la Guerre sur la défense de la place et citadelle de Mézières, suivi de la correspondance des généraux prussiens et autres pièces justificatives*. in-8, 96 pages ; Paris 1815 ; réédité à Mézières, 1845.

[2] *Mémoire sur les événements du siège de Verdun en* 1792, *présenté au Roi, le* 15 *janvier* 1835, *par M. le lieutenant-général Lemoine.*

[3] Visite de Louis-Philippe à Valmy, *Moniteur* du 11 juin 1831. — Discours aux maires de Verdun et de Metz les 9 et 11 juin 1831, *Moniteur* des 12 et 14 juin 1831. — *Vie anecdotique de Louis-Philippe*, par Laugier et Carpentier, Paris 1837.

Lemoine lui adressa, le 15 janvier 1835, un mémoire sur ces faits. L'original de ce mémoire se trouve aux archives du Ministère de la guerre [1] et non pas, comme l'écrit Célestin Port, à la bibliothèque de Saumur. Il en existe, aux archives de Saumur, une copie certifiée conforme par le général Lemoine lui-même, et on en trouve, à la bibliothèque d'Angers [2], une copie prise sur celle de Saumur. Il a été reproduit intégralement par Grille [3] et en extraits par tous les chercheurs qui ont étudié cet épisode. Nous aurons à en parler. Nous verrons que ce document n'est pas, comme on le croit souvent, le premier qui ait lancé l'hypothèse de l'assassinat de Beaurepaire et qu'il ne faut pas le récuser entièrement.

Quels que soient les défauts qu'on prête à Lemoine, sa vie prouve que c'était un homme de valeur mais il ne se révéla pas à Verdun en 1792.

En de pareils collaborateurs, le gouverneur de Verdun ne trouvait pas l'appui qu'il aurait pu attendre. Beaurepaire surtout, homme de devoir, exact, méticuleux, beau militaire, mais esprit étroit, aurait eu besoin d'un état-major distingué. Alors, l'un complétant l'autre, Verdun eût été commandé et eût pu se couvrir de gloire.

Telles étaient les ressources militaires de Verdun. Sans être parfaites, on doit avouer qu'elles permettaient de résister plus de deux jours et de ne pas ouvrir les portes à l'ennemi après un bombardement inoffensif.

Galbaud partit le 12 août 1792. Il avait écrit, les 29 juillet et 2 août, en termes pressants aux généraux La Fayette et Leveneur pour implorer son rappel : « ... Vous savez, « disait-il, que mes sollicitations pour mettre Verdun sur « un bon pied de défense se sont réduites à rien... Comme

[1] Mémoires historiques, armée du Nord, n° 2 *bis*

[2] Ms 829 du Catalogue Lemarchand.

[3] Grille III, 114-120.

« je ne veux ni tomber dans les mains de l'ennemi, ni me « déshonorer, je demande avec instance à rejoindre mon « véritable poste... J'ai achevé à Verdun ce que ma « mission avait d'essentiel. Il ne manque sûrement pas « d'officiers de bonne volonté pour me remplacer. Nous « avons ici M. Vercly, officier d'artillerie, mon ancien de « service... qui met la plus grande activité aux travaux « de l'artillerie. Sa loyauté à toute épreuve le rend digne « d'une place de confiance. On peut donc sans inconvé- « nients s'en rapporter à lui. Quant à moi, je ne me serais « jamais attendu à rester sur les derrières de l'armée de « la Constitution. Je regarde ma position comme une « sorte de disgrâce que je suis loin d'avoir méritée... « je vous prierais de recevoir ma démission, non pour « croupir dans le repos, mais pour m'offrir comme volontaire « dans le premier bataillon qui voudrait accepter mes « services... [1]. »

Son successeur ne fut pas Vercly, mais Beaurepaire. « ... Je remis le commandement au vertueux Beaurepaire, « raconte Galbaud dans ses Observations[2]. Attaché au sort « de son bataillon, il se voyait à regret enchaîné dans « une place où on ne lui laissait aucun moyen de déve- « lopper son talent et son courage. Il fondait en larmes « quand il me fit ses derniers adieux. Il semblait qu'il « pressentait déjà le sort qui l'attendait... »

Tel est l'enchaînement des faits qui ont amené Beaurepaire à assumer une seconde fois un commandement dont personne ne se souciait.

Autant que Galbaud, il aspirait à rejoindre l'armée. Il avait toujours espéré n'être à Verdun que de passage. « ... Je crois que nous ne ferons pas un long séjour à

Biblioth. de Verdun, mss. *Verdun-Révolution*, II, 13 et 15.

² *Observations de Galbaud*, page 11.

« Verdun, écrivait-il le 11 mai 1792[1], vu que les bataillonr « qui sont devant nous ont reçu l'ordre de passer leus « séjour... » — « ... Nous attendons incessamment l'ordre « pour aller au camp (près Sedan), dit-il, le 28 juillet... [2] ». C'était son idée fixe, et bien compréhensible, d'emmener son bataillon à l'armée, avec les camarades.

Comme Galbaud aussi, il se rendait compte de l'état de la place. « ... C'est l'usage, ajoute-t-il dans sa lettre du « 28 juillet, l'on ne prévoie rien. Cette place devrait avoir « cent bouches à feu, elle n'en a que quarante-quatre. Il « faudrait 40.000 palissades, il n'y en a pas une. Malgré « tout cela, le courage des troupes surmontera toutes les « difficultés, du moins je l'espère. Je ne sais quand seront « armées nos recrues ; point d'armes, point de gibernes dans « les magasins. J'en ai instruit le ministre et les généraux ; « il faut espérer qu'ils prendront des moyens ultérieurs « à cet égard... » Nous le verrons solliciter l'autorisation de faire sortir de la ville, en cas de siège, les soldats des dépôts qui n'étaient ni instruits, ni armés. « ... Vous « connaissez, écrit-il au général de Ligniville[3], nos faibles « moyens en artillerie ainsi qu'en troupes aguerries pour « nous défendre... »

Cependant Beaurepaire, avec une abnégation absolue, endosse sans amertume la lourde responsabilité qu'a éludée Galbaud. Il écrit, le 9 août 1792, à son jeune neveu qui servait sous ses ordres : « ... Vous avez déjà éprouvé que « la guerre est un métier laborieux, mais l'honneur de « défendre sa patrie est pour un bon Français la plus belle « récompense... Je prends encore aujourd'hui le comman-

[1] Beaurepaire aux administrateurs de Maine-et-Loire. Arch départementales de Maine-et-Loire. L 585 *bis*, 25.

[2] *Ibid*, 31.

[3] Lettre en date du 24 août, citée par Pionnier, p. 139.

« dement de la place[1]... » — « ... Je suis pour la seconde « fois commandant de la place, écrit-il le 20 août aux admi- « nistrateurs de Maine-et-Loire, le M. (*sic*) qui y avait été « nommé ayant reçu l'ordre de rejoindre l'armée de « La Fayette... [2] »

Pas un reproche, pas une plainte ; c'est, dans toute sa grandeur, la servitude militaire et c'est là qu'il faut admirer Beaurepaire. Autant nous l'avons vu inférieur à son rôle pendant son commandement du mois de juin, autant nous reconnaîtrons, avec Vistot et tous les témoignages contemporains, que pendant les quinze jours qui précédèrent le siège, « sa conduite fut au-dessus du plus léger blâme [3]. »

Nous attribuons ce changement à ce que Galbaud lui passa une consigne et des fonctions déterminées, ce qui n'avait pas eu lieu au mois de juin, et à la tutelle que va exercer sur lui le général de Ligniville.

« ... Le nouveau commandant, dit Cavaignac dans son « Rapport[4], ne fut ni moins zélé, ni moins actif que Gal- « baud. Il s'occupa à exercer et la garnison et les habitants; « l'ingénieur Bousmard fut pressé de mettre en état des « travaux indispensables. Pichon, commissaire des guerres, « fut requis de soigner les approvisionnements. Mais, « Bousmard et Pichon étaient d'intelligence avec l'ennemi « et ne mettaient dans leur service ni zèle, ni bonne « foi... »

— « ... Nous avons ici de nombreuses occupations, écrit « un volontaire de Maine-et-Loire [5]. Toujours sur pied, « toujours à l'exercice ou bien aux fortifications. Nous

[1] Beaurepaire à son neveu, F. G., 9 août 1792. Lettre particulière qui nous a été communiquée à Angers.

[2] Beaurepaire aux administrateurs de Maine-et-Loire. Arch. départementales de Maine-et-Loire, L-585 *bis*, 33.

[3] Mémoire inédit de Vistot, chap. X.

[4] *Rapport de Cavaignac*, p. 5.

[5] Geslin à son père, 8 août 1792. Grille, II, 154,

« aidons le génie à réparer les murs, les bastions, les « digues... Nous allons inonder tous les abords... « On ne sort plus de la place qu'en patrouilles... » Les corps administratifs, les habitants secondés par leurs femmes et leurs enfants contribuaient aux travaux, maniaient la pelle et poussaient la brouette ; chacun courait à son poste dans les fréquentes alertes de nuit et de jour ordonnées par le commandant, à titre d'exercice [1].

Suivant les instructions du général de Ligniville, Beaurepaire va étudier sur place les moyens de défendre la forêt de Mangiennes. Il envoie des détachements de 75 hommes à Ornes, Damloup, Eix et Abaucourt pour observer l'ennemi ; il visite tous ces postes. Le 24 août, il se rend à Consenvoye pour examiner l'état des passages de la Meuse ; il place des détachements à Dun, Villosnes et Consenvoye ; il fait fondre des balles pour en expédier à ces différents postes [2].

Le 21 août, le district d'Étain fait savoir que l'armée prussienne marche sur Longwy. « ... Cette nouvelle ne fit « qu'accroître l'activité du commandant, de la garnison « et des habitants. Chacun courut aux travaux des fortifi- « cations. On se hâta de palissader et de compléter les « plates-formes pour placer l'artillerie... [3] »

Beaurepaire expédie des courriers à Luckner et à Dumouriez pour leur demander des renforts et des canons. Luckner répond une première fois « qu'il ne pouvait détacher aucun « corps de son armée et que plus il enverrait de canons, « plus il en livrerait à l'ennemi. » L'authenticité de cette réponse ambiguë a été contestée. Cavaignac la reproduit dans son rapport [4] et Mondon affirme avoir « le souvenir

[1] Pétition d'Ybert, p. 7.

[2] Rapport de Caivagnac, pp. 6 et 9. — Lettres, en date du 24 août, de Beaurepaire à Ligniville, citées par Pionnier, pp. 134 et 188.

[3] Rapport de Cavaignac, p. 6.

[4] *Ibid*, p. 7.

le plus exact qu'elle a été faite. » Sur une nouvelle requête du 26 août, Luckner se décide à envoyer, sous le commandement du duc de Chartres, plus de 6.000 hommes à Mars-la-Tour « prendre un poste avantageux » ; il se propose d'agir avec son armée pour soutenir cette avant-garde[1]. A ces deux extrêmes, on reconnaît l'ignorance de Luckner, vieux soudard de 70 ans, qui n'avait aucune idée sur le rôle des armées et des places fortes.

Dumouriez, homme de génie, agit tout autrement. Il appréciait à sa juste valeur l'importance de Verdun. Pour le public, il annonce qu'il n'en est pas inquiet, que la garnison est déjà de 4.000 hommes, non compris les gardes nationales, qu'une foule de bons et courageux citoyens s'y jettent pour aider à la défense, qu'il y renvoie un officier connaissant bien la place, Galbaud, avec 1.500 hommes et quatre canons, qu'ainsi Verdun ne craint rien et que tout y est disposé pour une vigoureuse résistance. Mais il tient un autre langage quand il discute avec Servan sur l'opportunité d'envahir la Belgique pour arrêter Brunswick. Et dans son conseil de guerre du 28 août il expose à ses généraux qu'il n'y a aucun moyen de délivrer Verdun, ni aucune nécessité à le faire; que Galbaud entrât ou n'entrât pas dans la place il fallait la regarder comme perdue ; que ce n'était que quelques jours de plus ou de moins, selon le succès de la mission de Galbaud ; que le salut de la patrie n'était pas là, mais dans la petite armée qu'il commandait et qu'il allait conduire à la victoire[2].

[1] Communication du Ministre de la Guerre à l'Assemblée nationale, séance du 31 août (matin), *Moniteur* du 2 sept. 1792, n° 246. — Correspondance de Metz, 4 septembre 1792, *Moniteur* du 11 septembre, n° 255. — Chuquet, *La première invasion prussienne*, p. 225.

[2] Communication du Ministre de la Guerre à l'Assemblée nationale, séance du 31 août (matin), *Moniteur* du 2 sept. 1792, n° 246. — *Mémoires de Dumouriez*, pp. 253 et 255. Dumouriez, dans ses

Dans « l'abandon de Verdun » il n'y a donc pas trahison. Il est des intérêts supérieurs que le public ne comprend pas ou qu'il interprète mal et, dans ce cas particulier, Verdun momentanément sacrifié n'était pas trahi, comme l'ont dit ses habitants, et ses chefs eux-mêmes, sauf Beaurepaire. Car Beaurepaire, en homme de devoir et de discipline qu'il était, ne s'est jamais plaint d'être trahi par ses chefs.

Le 24 août, Beaurepaire écrit à Ligniville : « En attendant le secours des armées, je crois indispensable de donner l'ordre à toutes les gardes nationales armées du district de Verdun et du département de se réunir à nous et je vous prie de m'en envoyer l'ordre aussitôt, le temps étant infiniment précieux. » Muni de cette autorisation, il réquisitionne, le 26 août, les gardes nationales d'Étain, Saint-Mihiel, Bar-le-Duc, Commercy, Gondrecourt et Clermont-en-Argonne. Le Conseil général du département fixe à 3.000 hommes l'effectif de la réquisition et 2.000 environ purent entrer dans la place [1].

Le 20 août, on voit arriver à Verdun le premier bataillon des volontaires de l'Allier, commandé par Trochereau. La date d'arrivée de ce bataillon et le motif de son envoi ne sont pas bien connus. D'après une correspondance anonyme datée de Verdun, 26 août 1792, et reproduite au *Moniteur* du 31 août (nº 244), on a pu croire qu'il venait de Longwy. « ... La garnison de Longwy est arrivée ici, dit ce corres-

Mémoires, ne parle qu'incidemment (pp. 253 et 264) de Beaurepaire. Il l'appelle même Beauregard. — Chuquet, *La première invasion prussienne*, p. 231, et *Valmy*, pp. 23-43.

[1] Lettre de Beaurepaire, citée par Lhuillier (*Nicolas de Beaurepaire...*, p. 19) et Chuquet (*La première invasion...*, p. 225). — Procès-verbaux des séances des 25, 27 août et 1er septembre 1792, du Conseil général du département de la Meuse.

Copies, Biblioth. de Verdun, mss. *Verdun-Révolution*, II, 196 et seq. — Lettre des administrateurs du département de la Meuse à l'Assemblée nationale. Séance du 30 août, *Moniteur*, nº 245.

« pondant ; elle a été très mal reçue... » Or, la garnison de Longwy se retira sur Reims par Stenay, ou par Sainte-Menehould[1]. Nous ignorons aussi sur quelles références s'appuie Grille pour raconter qu'un bataillon du régiment de Castella, venant de Longwy, s'est présenté aux portes de Verdun, dont Beaurepaire lui aurait refusé l'entrée. Il ajoute que ce régiment fut désarmé sur la route de Meaux et qu'on trouva dans ses bagages une quantité de cocardes blanches. Un correspondant anonyme de Châlons, à la date du 10 septembre, mettait ce fait au compte du détachement du 92e régiment d'infanterie, ci-devant Walsh, qui faisait partie de la garnison de Verdun. L'évêque de Rennes en parlait à l'Assemblée nationale dans la séance du 12 septembre[2].

Tous ces faits ont été tellement dénaturés par le désarroi où « les trahisons de Longwy et de Verdun » ont jeté les esprits qu'on a peine à les reconstituer.

Le bataillon de l'Allier, qui arriva à Verdun le 20 août, venait de l'armée de La Fayette et en avait été renvoyé à la suite de ses manifestations, le 15 août, contre ce général. Une lettre de Beaurepaire aux administrateurs du département de Maine-et-Loire, en date du 20 août 1792, ne laisse aucun doute à cet égard :

« ... Notre compagnie de grenadiers vient d'arriver « ici à l'improviste, dit-il. Le sujet de leur renvoi de « l'armée de La Fayette est qu'ils n'ont pas voulu signer « une pétition qui leur a été insidieusement présentée « par les commandants gagnés par le général. Le bataillon « des volontaires de l'Allier est aussi envoyé ici pour

[1] *Histoire de la ville de Sainte-Menehould et de ses environs*, par C. Buirette, p. 584.

[2] Grille II, 226, 324. — *Moniteur*, du 14 septembre 1792, n° 258. — Procès-verbal d'arrestation du 92e régiment français, ci-devant Walsh (Épernay, 9 septembre 1792) et pièces annexes. Arch. nat. W 2, 3e dossier, 125-127.

« le même sujet... » Nous savons encore que les députés Laporte, Bruat et Lamarque, commissaires à l'armée de Luckner, écrivaient de Metz, le 23 août, à l'Assemblée nationale, qu'ils avaient vu la veille le premier bataillon de l'Allier et celui de Mayenne-et-Loire, tous deux en garnison à Verdun « où le général La Fayette les a envoyés « pour n'avoir pas voulu prêter d'autre serment que celui « de la liberté et de l'égalité ». Sur la proposition des commissaires, l'assemblée décrétait que ces deux bataillons ont bien mérité de la patrie [1]. Ce point nous paraît donc parfaitement établi.

Du 14 au 24 août arrivent à Verdun 800 volontaires des premier et deuxième bataillons de la Marne, troisième de Paris, deuxième de la Meuse, cinquième de la Meurthe. On en forme un dépôt général sous les ordres du lieutenant-colonel de Neyon, commandant le deuxième bataillon de la Meuse. Il n'y a que quarante fusils pour armer ces 800 soldats ; Neyon en réclame à Montmédy et on lui en refuse. C'est alors que Beaurepaire demande à Ligniville l'autorisation de renvoyer de Verdun ces troupes inutiles. « ... Dans le cas où la ville serait assiégée, disait-il, je « vous prie de m'autoriser à faire sortir les cinq dépôts « de gardes nationaux qui sont ici et de les envoyer sur « les derrières, n'étant ni instruits, ni armés... [2] »

[1] La compagnie des grenadiers de Maine-et-Loire avait été détachée à l'armée de La Fayette. Elle avait quitté Verdun le 10 juin, avait été aux avant-postes vers Longuyon et pris part, le 27 juillet, à un engagement près de Longwy. Elle avait fait, auprès de l'armée de ligne, une active propagande patriotique et chaudement participé à la manifestation du 15 août contre le général La Fayette

Lettres de Beaurepaire aux administrateurs de Maine-et-Loire. Arch. départementales de Maine-et-Loire. L 585 *bis*, 29, 30, 31, 33. — Grille, II, 32, 58, 114, 199-205, et 208-211. — Lettre de Védie à Pilastre, maire d'Angers, *Affiches d'Angers* ou *Journal du département de Maine-et-Loire*, 28 août 1792, n° 104. — *Moniteur*, n° 239, séance du 26 août 1792.

[2] Lettres de Leveneur au commandant de Verdun (14 août) et

Le 28 août, arrive le premier bataillon d'Eure-et-Loir [1], commandé par Huet et Marceau, et enfin au dernier moment, le 29 août à 6 h. 1/2 du soir, et « sans être attendu », on voit entrer le premier bataillon de la Charente-Inférieure, commandé par Lombard. Ce bataillon était envoyé de Montmédy par le général de Ligniville pour garder les passages de la Meuse, en aval de Verdun, et renforcer la place ; il battait en retraite devant les premiers détachements prussiens [2].

Tels sont les renforts qui ont porté la garnison de Verdun à l'effectif de 6.500 hommes, que nous citions plus haut. C'étaient des troupes médiocres et, quant à leurs chefs, aucun ne devait être un appui pour Beaurepaire.

Celui qui allait jouer le rôle principal après Beaurepaire est Alexandre-Joseph de Neyon, lieutenant-colonel en second du deuxième bataillon de la Meuse et commandant du dépôt général des volontaires constitué dans la place. Il était né le 15 février 1738 au château de Soisy, commune d'Esvres, dans la Meuse. Parti à seize ans pour la Louisiane, il servit douze ans dans les compagnies franches du Missisipi, revint à Soisy en 1766, se maria et se fixa à Drillaucourt (Meuse). Il avait sept enfants. Il nous apprend lui-même [3]

de Neyon à Ligniville (24 août). Biblioth. de Verdun, *ms.* 213, 56, 57, copies d'après Archiv. nationales, W 352, 718, 1re partie. — Beaurepaire à Ligniville (24 août), lettre citée par Pionnier, p. 138.

[1] D'après une lettre de Beaurepaire reproduite par Grille (II, 211) on pourrait croire que ce bataillon est arrivé à Verdun, le 20 août, avec les grenadiers de Maine-et-Loire et le bataillon de l'Allier. Ce document de Grille n'est pas conforme à l'original des archives de Maine-et-Loire. L 585 *bis*, 33.

[2] Correspondance de Montmédy, 25 août, *Moniteur*, n° 244. — Procès-verbal de la séance du 29 août 1792 du Conseil général du département de la Meuse.

[3] *Moyen de deffenses de Neyon, cy-devant colonel en second du deuxième bataillon des volontaires du département de la Meuse et commandant les despots de plusieurs bataillons à Verdun.* Archives nationales. W 1 bis, 352, 718. — Copie biblioth. de Verdun, ms. 213, 60 Reproduit par Pionnier, annexes XXVIII-XXXVI.

« qu'il a été commandant de la garde nationale de son « canton (Sivry-sur-Meuse) dès la création, qu'il s'est trouvé « à Varennes à l'arrestation de Capet, qu'il a été assesseur « et électeur..., qu'il a quitté sa famille, un train de « labourage qu'il présidait, qu'il a fait le sacrifice de ses « propres intérêts pour aller exposer ses jours à la défense « de la Patrie... et que, si le traître Dumouriez ne l'eût « pas fait remplacer, il serait encore (en 1794) lieutenant-« colonel au deuxième bataillon de la Meuse où, tant que « ses forces et sa santé lui auraient permis, il aurait servi « sa patrie ». C'était un officier incapable, ignorant les vues d'ensemble de son métier, souffrant d'une hernie qui l'empêchait de monter à cheval; mais ce ne fut pas un traître comme on pourrait le croire d'après le jugement qui le condamna à mort et la réputation qu'on lui a faite. Nous aurons souvent occasion d'en parler [1].

Lombard, lieutenant-colonel du bataillon de la Charente-Inférieure, semble avoir joué à Verdun un rôle assez actif. Arrivé la veille du siège, il dirige, dès le lendemain, la seule sortie qu'aient faite les Verdunois; il ne craint pas de faire valoir son ancienneté pour revendiquer la responsabilité et l'honneur de commander la place. C'est probablement lui que le général Money distingua, le 17 septembre 1792, à la défense de la côte de Biesme contre les Hessois. « Je « confiai, dit-il, le commandement d'une redoute au colonel « Lombal, ancien officier décoré de la croix de Saint-Louis, « et dont j'avais remarqué l'expérience et la bravoure « lors de la première attaque... [2] »

[1] Pionnier, p. 137 (note). — *Acte d'accusation contre Alexandre-Joseph de Neyon, Jean-Baptiste-Philibert Perin... et complices. Bulletin* (*n*° 49) *du Tribunal révolutionnaire établi au Palais, à Paris, par la loi du* 10 *mars* 1793 *pour juger sans appel les conspirateurs.* in-8, imprimerie Clément. Audience du 5 floréal an II (24 avril 1794).

[2] *Souvenirs de la campagne de* 1792, *par James Money, ex-maréchal de camp au service de France,* traduits par Paul Mérat, 1 vol. in-8, 1849, page 71.

Nous n'avons aucun détail sur les lieutenants-colonels Trochereau, du bataillon de l'Allier, et Huet, du bataillon d'Eure-et-Loir. Nous verrons seulement la mauvaise attitude de leurs troupes à la côte de Biesme et à Sainte-Menehould, les 2 et 3 septembre 1792.

Marceau, deuxième lieutenant-colonel du bataillon d'Eure-et-Loir, est bien connu. Mais, à notre avis, on lui prête à Verdun une influence qu'il n'a pas eue. On veut qu'il ait énergiquement soutenu Beaurepaire dans les séances du Conseil défensif, le 1er septembre, quand il n'existe aucune trace de cette intervention. On lui fait gloire d'être le seul à n'avoir pas signé la délibération du Conseil défensif, le 2 septembre, tendant à capituler, quand il manque aussi à ce procès-verbal la signature de Neyon, président du Conseil. On ne fait pas remarquer qu'il manque à chaque procès-verbal la signature des uns ou des autres. Et on n'a jamais dit que Marceau, n'étant pas chef de corps, ne faisait pas partie du Conseil défensif et ne devait pas assister aux séances. Si on relève son nom (Marceau des Graviers) sur un des procès-verbaux des délibérations du Conseil, celui du 31 août, c'est probablement parce qu'il remplaçait à cette seance son collègue Huet, dont la signature ne figure pas à ce procès-verbal. Chargé, en sa qualité de plus jeune des officiers supérieurs, de porter au roi de Prusse l'acceptation de la capitulation de Verdun, on veut qu'en la lui remettant il ait versé des larmes de douleur et de rage. Or, le prince royal de Prusse, parlant de cet incident dans ses *Réminiscences*, a observé simplement que cet officier supérieur et le trompette qui l'accompagnait avaient, « suivant les usages « de la guerre, les yeux bandés ». On veut qu'au sortir de Verdun, quand la garnison défila en vue des bivouacs prussiens, ce soit Marceau qui leur ait crié : « Au revoir, « dans les plaines de Châlons ! » L'invitation a pu être lancée puisque Massenbach et Minutoli en parlent dans leurs mémoires, mais pourquoi l'attribuer à Marceau? On voudrait enfin qu'ayant perdu, pendant le siège, son argent, ses chevaux, ses équipages, il n'ait réclamé aux représentants du peuple « qu'un sabre pour venger la défaite ». La foule aime prêter à certains personnages des attitudes héroïques, des mots sublimes dans toutes les circonstances de leur vie ; elle en a bientôt fait des héros légendaires. Tout ce qu'on a dit sur le rôle de Marceau dans les cinq jours qu'il passa à Verdun suffirait à illustrer un homme, mais nous semble erroné [1].

Le même amour du merveilleux a fait croire que deux autres personnes devenues célèbres, Oudinot [2] et Cambronne, furent mêlées au drame de Verdun.

Or, le troisième bataillon de la Meuse, que commandait Oudinot, n'est jamais venu à Verdun à ce moment ; le nom d'Oudinot n'apparaît nulle part.

Quant à Cambronne, on trouve bien, sur les contrôles du premier bataillon de Maine-et-Loire, le nom d'un Cambronne, de Nantes ; il serait même parti du bataillon sans congé régulier. Mais ces indices ne sont pas suffisants pour supposer que le futur général montait la garde à la porte de Beaurepaire la nuit même où il perdit la vie [3]. Il est très probable que le service de garde à l'Hôtel de Ville de Verdun était fait, cette nuit-là, par le bataillon d'Eure-et-Loir, et non par celui de Maine-et-Loire, et qu'il n'y avait aucun factionnaire à la porte de Beaurepaire.

Au contraire, il est un personnage remarquable qui a

[1] Doublet de Boisthibault, *Marceau*, p. 142 et seq. — Henri Maze, *Le général S. F. Marceau.* — Noël Parfait, *Le général Marceau.* — Chuquet, *La première invasion prussienne*, pp. 228, 243, 250, 252. — Mérat, pp. 63, 70. — Lamartine, *Histoire des Girondins*, pp. 301-302. — Grille, II, 211, 289. — *Réminiscences*, p. 21. — Massenbach, *Memoiren...* I, 41. — Minutoli, *Der Feldzug...*, 19. — *Biographie universelle*, art. Marceau, par Beauchamp, etc.

[2] Mérat, p. 40 (note).

[3] *Revue de l'Anjou*, livraison de février 1909, : *A propos de la mort de M. de Beaurepaire...*, par le commandant 'Jeanson, p. 118.

assisté aux séances du Conseil défensif de Verdun, en a signé les procès-verbaux et dont la présence passe inaperçue : c'est Radet, adjudant-général.

M. Lenôtre[1], d'après l'ouvrage de M. Combier[2], nous a fait connaître la curieuse existence de cet homme, bon royaliste et catholique, qui a été mêlé à l'arrestation de Louis XVI à Varennes, a dirigé celle du pape Pie VII en 1809, celle du duc d'Angoulême en 1815 et a participé, comme officier de gendarmerie, à mille événements. Sa présence à Verdun était un épisode à ajouter à cette vie d'aventures ; faute de documents, M. Lenôtre n'en parle pas. Tout porte à croire cependant que Radet (Étienne), adjudant-général des gardes nationales du district de Varennes au mois d'août 1792, est le même personnage qui apposait sur le registre des délibérations du Conseil de Verdun, les 31 août, 1er et 2 septembre, sa signature : Radet E., adjudant-général, compliquée d'un paraphe. Celui-là, homme habile par excellence, aurait pu donner un bon conseil à Beaurepaire ; mais son habileté même le fit se réserver et, à aucun moment, dans toute cette affaire et dans les enquêtes qui suivirent il n'est question de Radet.

Les autres officiers qui faisaient partie du Conseil défensif de Verdun, en qualité de chefs des dépôts ou des détachements de la garde nationale, sont peu connus. D'après leurs signatures qu'on relève sur le cahier des délibérations du Conseil, c'étaient : O'Brien, commandant le dépôt du 92e régiment d'infanterie ; Thévenon, commandant le dépôt du bataillon de Seine-et-Marne ; Thiéry-Caré, com-

[1] *Le drame de Varennes, juin* 1791, *d'après des documents inédits et les relations des témoins oculaires*, par G. Lenôtre, 1 vol. Paris, Perrin, 1905, pp. 308-326.

[2] *Mémoires du général Radet d'apres ses papiers personnels et les archives de l'État*, par A. Combier, 1 vol. chez Belin frères, à Saint-Cloud, 1892.

mandant des gardes nationaux de Verdun ; L.-F.-G. Miorel; V. Gorcy; Poussivet; C.-F. Martin, le jeune; Latache; Bliard, commandants les gardes nationales des cantons du voisinage.

Ces chefs de gardes nationaux, au dire de Lemoine[1], firent entendre, en séance du Conseil, « des paroles hon-« teuses ». C'est d'eux que Neyon a dit[2] : « ... Les chefs « de garde nationale de Verdun, réunis à ceux des différents « districts et communes venus pour la défense de la place, « excepté ceux de la légion de Clermont, ont fortement « appuyé (dans la séance du 2 septembre du Conseil « défensif) sur ce que les citoyens qu'ils commandaient, « étant presque tous pères de famille, n'étaient pas faits « pour supporter un assaut. Et comme ils étaient en nombre « ils ont persisté pour aller aux voix. Il ne leur a pas été « difficile d'emporter les suffrages, car ils étaient aidés « de Pichon. C'est, joint à la réunion qui venait d'avoir lieu « contre le Conseil défensif, ce qui a forcé à la reddition de « la place... »

Il n'est pas douteux que des officiers de cette trempe, loin d'être un appui pour Beaurepaire, auront plutôt été une gêne ; on le constatera dans la suite de notre récit.

« Depuis le 26 jusqu'au 29 août, tous les moments « furent employés à exercer les habitants par de fausses « alertes. La municipalité et le district assurent que « chacun se rendait promptement à son poste et que « le commandant se louait de leur activité... [3] »

Le 24 août, des commissaires envoyés de Bar-le-Duc

[1] Rapport de Lemoine au roi, 15 janvier 1835.

[2] Lettre écrite par Neyon, de la maison d'arrêt civile de Verdun le 24 nivôse an II (13 janvier 1794), au citoyen (Leblan), président du tribunal criminel du département de la Meuse, présent à Verdun. Arch. nat., W 352, 718. Copie Biblioth. de Verdun, ms. 213, 63.

[3] Rapport de Cavaignac, p. 8.

par le Conseil général du département ont conféré avec les corps administratifs de Verdun. Le résultat de la délibération a été pessimiste : les fortifications de la place sont en très mauvais état ; il faudrait 175 bouches à feu et on n'en a que 50 ; il n'y a pas d'armes dans l'arsenal ; les troupes ne sont que des recrues non exercées ; elles n'ont que de jeunes chevaux pas dressés ; il n'y a que 50 artilleurs dans la place. Ces doléances sont transmises à l'Assemblée nationale, qui en écoute, sans commentaires, la lecture

Le 28 août, de nouveaux commissaires arrivent de Bar-le-Duc, mais on convoque cette fois les corps militaires avec les corps administratifs. L'assemblée est d'abord inquiète, comme elle l'avait été le 24 août ; les habitants des campagnes sont dans les plus grandes inquiétudes ; ils s'opposent à certaines mesures défensives, comme la destruction du pont de Villosne ; il faudrait 10.000 hommes pour garder les ponts et gués de la Meuse ; l'effectif de l'ennemi est de 90.000 hommes ; ses troupes légères sont déjà dans la forêt de Mangiennes ; Etain s'est rendu ; les uhlans sont à Damvillers et Marville ; ils ont désarmé un village à deux lieues de Verdun ; le général de Ligniville ne peut envoyer de canons ; les armées de Luckner et de Chazot sont inactives ; on discute enfin « la grande question « de savoir si Verdun soutiendrait ou ne soutiendrait pas un « siège ». Alors, et probablement sous l'influence réconfortante du gouverneur, les esprits se rassurent. On semble admettre que « 300 hommes de troupes de ligne, 2.000 gardes « nationaux et 1.000 citoyens armés de Verdun » suffiront à défendre la ville ; on ne s'arrête pas à l'imperfection des travaux inachevés, au petit nombre des canonniers, qui seront aidés par des servants ; les palissades ne sont pas toutes en

[1] Procès-verbal de la séance du 25 août du Conseil général du département de la Meuse. Séance du 26 août (matin) de l'Assemblée nationale, *Moniteur*, n° 241.

place, mais on tendra dans les environs de la place une espèce d'inondation, et les fossés contiendront six pieds d'eau ; on conclut enfin « qu'on pouvait tout attendre du courage « et du patriotisme des habitants de Verdun, des commis- « saires militaires, du commandant de la place et des « efforts de toute la garnison... ; la générale a battu « à 11 heures du soir, chacun des citoyens-soldats et soldats- « citoyens s'est rendu à son poste avec un zèle et une « activité qui démontrent que chacun d'eux pourra se « défendre...[1] »

Beaurepaire devait aussi soutenir le moral des habitants de la campagne. Il les voyait indifférents ou terrorisés, suivant leur éloignement ou la proximité de l'ennemi. Les paysans, au sud de Verdun, faisaient tranquillement leurs moissons ; ceux du district d'Étain se réfugiaient dans les bois[2]. Il écrit, le 24 août, à Ligniville[3] : «... L'on « fait courir le bruit que Longwy s'était rendu hier à « 9 heures, je n'ajoute pas foi à cette nouvelle... Cet « événement malheureux a mis la ville en alarme et les « campagnes dans la consternation. Tous fuient leurs « maisons pour se retirer ici... La crainte règne dans « les campagnes et gagne jusque Verdun. C'est pourquoi « il est bien instant d'avoir une force imposante dans la « ville pour contenir les faibles et les malveillants... »

Par là, avec le simple bon sens et l'expérience d'un homme de cinquante ans, il appréciait à leur juste valeur ces temps héroïques de 1792 et ne se laissait pas abuser par les mots.

[1] Rapport fait par les commissaires dans la séance du 29 août 1792 du Conseil général du département de la Meuse.

[2] Lettre du Conseil général du département de la Meuse à l'Assemblée nationale, séance du 5 septembre 1792, *Moniteur*, n° 251. — Procès-verbaux des séances des 15 et 29 août 1792 du Conseil général du département de la Meuse.

[3] Lettres citées par Pionnier, pp. 140 et 188.

Autour de lui, on ne parlait que de résolutions désespérées. Le bataillon de Seine-et-Oise, commandé par Laharpe, en garnison au château de Rodenack, a juré que quand il serait à bout de ressources il laisserait entrer l'ennemi dans la place et ferait sauter le tout à la fois[1]. A Strasbourg, le général Lamorlière a donné à Luckner sa parole de défendre la ville et la citadelle jusqu'au dernier homme et de les réduire en un monceau de cendres plutôt que de les rendre jamais ; le maire, en embrassant le maréchal, lui a confirmé que tous étaient résolus à s'ensevelir sous les ruines de la cité ; plus de 600 bourgeois se sont inscrits comme volontaires, l'amour de la patrie est au dernier degré d'enthousiasme[2]. Le régiment de Châteauvieux, en garnison à Bitche, a déclaré qu'il périrait tout entier plutôt que de remettre la citadelle qu'il est chargé de défendre[3]. Le lieutenant-colonel Lecomte, du deuxième bataillon de Loir-et-Cher, assure l'Assemblée nationale que la garnison de Philippeville versera jusqu'à la dernière goutte de son sang pour le maintien de la liberté et de l'égalité et l'exécution des décrets[4]. La garnison de Sarrelouis est décidée à se faire hacher en pièces plutôt que de rendre la place[5]. « Nous ne nous rendrons pas, « écrit Merlin (de Thionville) à son fils le député, et nous ferons « sauter la ville[6]. » Montmédy saura mieux se défendre que Longwy ; là, sont de vrais Spartiates, tous ont résolu de mourir ; le gouverneur Ligniville est digne des habitants ; Montmédy sera réduit en cendres avant que l'ennemi

[1] Correspondance de Thionville, 20 juillet, *Moniteur*, n° 211.

[2] Correspondances de Strasbourg, 25 juillet, 2 et 18 août. *Moniteur*, n°s 216, 221, 231.

[3] Correspondance de Strasbourg, 26 juillet, *Moniteur*, n° 216.

[4] Séance du 26 août de l'Assemblée nationale, *Moniteur*, n° 241.

[5] Séance du 30 août de l'Assemblée nationale, *Moniteur*, n° 243.

[6] Séance du 31 août de l'Assemblée nationale. Lecture par Merlin (de Thionville) d'une lettre de son père, en date du 25 août. *Moniteur*, n° 244.

s'en empare [1]. Le lieutenant-colonel Lercy, du 25e régiment d'infanterie, ci-devant Poitou, commandant à Mézières, prétend acquérir la même gloire que Bayard a acquise en défendant la même ville [2]. On s'est promis de ne pas rendre Metz ; le maire Antoine est un autre Pétion et a juré de sauver la ville ; le gouverneur est décidé, ainsi que toute la garnison et tous les citoyens, à s'ensevelir sous les ruines plutôt que de la rendre [3]. Le conseil général de Sainte-Menehould, actuellement presque sous le fer de l'ennemi, adresse à l'Assemblée nationale le serment de mourir pour la liberté et l'égalité [4].

Et dès que l'ennemi envahit le territoire, Beaurepaire constate l'inanité de ces serments. Il entend dire que Longwy s'est rendu par trahison après quatre jours de siège [5] ;

[1] Correspondances de Montmédy, 25 août, et de Mouzon, 30 août. *Moniteur*, nos 244 et 248.

[2] Séance du 30 août de l'Assemblée nationale. *Moniteur*, no 245.

[3] Correspondances de Metz, 28 août, et de Mouzon, 30 août. Lettre de Ruhl à l'Assemblée nationale, séance du 2 septembre. *Moniteur*, no 248.

[4] Séance du 31 août de l'Assemblée nationale. *Moniteur*, no 246.

[5] On remarquera l'analogie des événements qui se sont passés à Longwy et à Verdun. Lavergne, officier de l'ancienne armée, a été nommé par Luckner, le 13 août 1792, au commandement de Longwy après que Gaston, d'Arblay et Berruyer n'avaient pas voulu rester dans cette forteresse « qui ne vaut pas grande chose », où l'on ne peut que se déshonorer ou être fait prisonnier. La ville est investie le 20 août et sommée de se rendre le 21, au soir. Le parlementaire est renvoyé « comme il méritait de l'être ». Le bombardement a lieu dans la nuit du 21 au 22 ; le feu prend à quatre endroits différents. La municipalité et la population manifestent le désir de se rendre. Lavergne entre en pourparlers avec l'ennemi et capitule dans la soirée du 23. La garnison sort avec les honneurs de la guerre ; le colonel Legrand, du 34e d'infanterie, désespéré, se serait suicidé en se jetant dans la Chiers.

Voir : séances de l'Assemblée nationale des 25, 28-31 août 1792, *Moniteur*, 240-246 et 274. — Lettres de Geslin à Choudieu, Grille, II, 215-218. — A. Chuquet, *La première invasion prussienne*, chap. V, 175-191.

que Stenay s'est lâchement livré à l'ennemi[1] ; que les bourgeois de Briey et d'Étain ont cédé aux premières démonstrations ennemies et vont au-devant des Prussiens avec le drapeau blanc, leurs armes et leurs trompettes[2].

Au milieu de cette tourmente, Beaurepaire reste égal à lui-même. « ... Nos troupes, écrit-il, le 20 août[3], sont « remplies de courage et périront plutôt mille fois que de « servir les tyrans... Je continue à être très content du « bataillon. Il passe tous les jours un nombre considérable « de recrues pour l'armée de Luckner qui est toujours aux « environs de Metz. Les troupes légères de l'ennemi se sont « approchées de Thionville. Cette ville est en bon état « de défense et ne craint rien. L'on dit que le projet de « l'ennemi est de pénétrer dans le royaume par Nancy et « Toul. Ils sont observés par le vieux Luckner qui pourrait « bien leur faire changer de route. Je prie M. Hamon « de vouloir nous faire passer le montant des chapeaux dont « il nous a chargé de fournir au bataillon. Voici l'instant où « il faut que la nation reste debout pour se sauver elle-« même. Il n'y a pas deux partis à prendre, c'est le seul. » « ... Au reste, mon général, écrit-il le 24 août à Ligni-« ville[4], si nous sommes attaqués, vous pouvez être sûr « que je ne rendrai pas la place sans coup férir quoique nos « moyens soient médiocres. Notre courage y suppléera. »

Ce sont les dernières lettres qu'on possède de Beaurepaire.

[1] Lettre (1er septembre 1792) du district de Vouziers à l'Assemblée nationale, séance du 5 septembre. *Moniteur*, n° 248.

[2] Lettre (27 août) du district d'Étain à l'Assemblée nationale, séance du 30 août 1792, *Moniteur*, n° 245. — *Id.*, du district de Briey, séance du 7 septembre, *Moniteur*, n° 252. — Correspondance de Metz (28 août), *Moniteur*, n° 248. — Lettre de Geslin à Choudieu (27 août), Grille, II, 218. — *Mémorial du président Jean Béguinet*, biblioth. de Verdun, ms. 211.

[3] Beaurepaire aux administrateurs de Maine-et-Loire. Archives départ. de Maine-et-Loire, L 585 *bis*, 33.

[4] Citée par Pionnier, p. 188.

Ces modestes déclarations, ce style naïf d'un vieux troupier, confiant dans ses chefs et ses soldats, fidèle au poste où il mourra dans huit jours, ne sont-ils pas plus émouvants que la vaine phraséologie dont on charge sa mémoire? A Longwy et à Verdun, Lavergne et Beaurepaire ne se sont pas dérobés à d'ingrates missions que surent esquiver des intrigants comme Gaston, d'Arblay, Berruyer et Galbaud. Mais ces obscurs dévouements passent inaperçus et Beaurepaire n'est pas connu par sa grandiose simplicité, mais par une légende maintenant indestructible, et c'est à la suite de déclamations puériles faites à la tribune ou à la barre de l'Assemblée nationale qu'on lui prête des serments solennels, qui sont de pures fictions.

C'est Gossuin, un des secrétaires de l'Assemblée nationale, qui, sur le dire d'un courrier, rend compte le 2 septembre à l'Assemblée que le bataillon volontaire de Maine-et-Loire « a déclaré qu'il périrait jusqu'au dernier avant de songer à « se rendre (la salle retentit d'applaudissements)». Ce sont Thuriot, Vergniaud, Danton qui se succèdent à la tribune et exagèrent encore la déclaration de Gossuin. C'est un nommé Cordier, d'Angers, qui, sans aucun mandat, se présente le 3 septembre à la barre de l'Assemblée nationale, à la tête d'un groupe de volontaires angevins, et s'écrie : « Le commandant de la ville de Verdun et du bataillon « de Mayenne-et-Loire a juré de ne rendre cette place « qu'à la mort. Ce serment a retenti jusqu'à notre cœur. « Et nous aussi nous sommes du bataillon de Mayenne-et-« Loire. Nous demandons des armes pour aller mourir avec « nos braves concitoyens (on applaudit ; le président invite « les pétitionnaires aux honneurs de la séance)[1]. » C'est Choudieu qui aurait écrit dans ses papiers qu'un courrier de Verdun lui apporta, le 1er septembre, une lettre de Beaurepaire. « Cette lettre que je lus à la tribune se terminait

[1] Séances du 2 et du 3 septembre 1792, *Moniteur*, nos 247-249.

« par ces mots que la suite des événements ne devait que « trop justifier... dont je ne soupçonnais pas le véritable « sens : Nous sommes serrés de près par l'ennemi, mais vous « pouvez assurer à l'Assemblée nationale que lorsque « Verdun sera pris, Beaurepaire sera mort. »

Le lendemain, continue Choudieu, on apprit la reddition de Verdun. « Aussitôt que cette nouvelle fut connue, je fus « entouré par plusieurs députés qui, faisant allusion à la « lettre dont j'avais donné lecture dans la nuit du 1er au « 2 septembre, me demandèrent ironiquement ce qu'était « devenu le brave Beaurepaire. L'un d'eux, Aubert-« Dubayet, me dit : Et ton Beaurepaire dont tu nous lisais « la lettre et qui nous assurait qu'il n'existerait plus « lorsque Verdun serait pris, comment va-t-il? — Patience, « lui répondis-je, j'attends de ses nouvelles, ne soyez donc « pas plus pressé que moi...[1] »

Ce témoignage de Choudieu semble si formel qu'on a pu en faire état pour prouver que Beaurepaire a prémédité un suicide[2]. On nous permettra de mettre en doute l'authenticité de cette lettre de Beaurepaire, et même son existence. On ne voit nulle part que Choudieu ait lu à la tribune de l'Assemblée nationale une lettre de ce genre. Nous trouvons au *Moniteur* du 31 août 1792 (no 244) une intervention de Choudieu à la tribune dans la séance du 29 août (soir), et elle est ainsi conçue : « M. Choudieu. « J'ai reçu de Verdun des lettres qui m'annoncent que « l'ennemi n'est pas loin, qu'on a pris des mesures pour « l'arrêter, qu'on a lâché les écluses, que la garnison qui « n'est pas nombreuse n'imitera pas celle de Longwy (on « applaudit). » Or, on trouve dans Grille (II, 218), un billet de Geslin à Choudieu, daté de Verdun le 26 août, et qui contient textuellement les renseignements donnés par

[1] *Mémoires et notes de Choudieu...*, pp. 180, 181 (note) et 210

[2] Dommartin, p. 98. Voir aussi Pionnier, 140-144.

Choudieu à l'Assemblée nationale ; il n'est pas douteux que ce ne soit ce billet dont il a donné lecture. Cinq jours après, à la séance du 3 septembre (matin), Choudieu est encore monté à la tribune pour insister sur le patriotisme du volontaire Cordier et de ses camarades qui venaient de défiler à la barre. Ces volontaires, dit-il, « m'ont fait par-« venir le fruit de leurs épargnes ; ils m'ont chargé de les « faire passer à leurs parents, de les consoler en leur disant « qu'ils étaient morts pour la patrie (on applaudit)[1]. Je « demande que l'Assemblée ordonne mention honorable de « l'héroïsme des volontaires de Mayenne-et-Loire et qu'elle « charge le pouvoir exécutif de donner des armes à ceux « qui viennent de se présenter à la barre, de manière qu'ils « puissent partir demain... » Il n'est pas question dans tout cela de la lettre de Beaurepaire et on peut se demander si Choudieu n'a pas cédé, en rassemblant ses souvenirs, à un entraînement de son imagination.

Delaâge aussi, dans son discours du 28 octobre 1792[2], a prêté à Beaurepaire une apostrophe qui n'est pas dans son langage habituel : « ... Je ne vous dirai pas ce que vous, « nous, la République, avons perdu dans Beaurepaire, « dans cet homme qui, la veille de sa mort, répondit à l'offi-« cier parlementaire du roi de Prusse : Dites à votre maître « que, si dans l'assaut nous sommes forcés de céder au grand « nombre des assiégeants, nous savons où sont les magasins « à poudre et que nous oserons ouvrir le tombeau des « vainqueurs dans le champ de la victoire. »

Grille a reproduit un grand nombre de lettres, d'une

[1] On applique généralement à la garnison de Verdun ce passage du discours de Choudieu (Michelet, *Histoire de la Révolution Française*, édition Chamerot 1849, IV, 234. — Chuquet, *La première invasion prussienne*, p. 224. — Pionnier, 143.)

A notre avis, Choudieu parlait de Cordier et de ses camarades qui allaient partir.

[2] Discours de Delaâge, à la Convention nationale.

authenticité discutable et où se retrouvent les mêmes déclamations : « ... Beaurepaire a écrit qu'il tiendrait « dix jours et quinze, s'il le fallait... Plus il y aura de « péril, plus il y aura de gloire. Pas un ne recule et, quand « les bourgeois prévoient le cas de se rendre, Beaurepaire « dit : Jamais ! [1] »

Nous pourrions multiplier ces exemples, car il n'est pas un opuscule, un article de journal, un rapport, où l'on ne parle de Beaurepaire comme de ces héros classiques de la Grèce ou de Rome [2].

Voilà les éléments qui ont servi à le représenter tel qu'il ne fut jamais. Puissions-nous, dans ce long préambule, lui avoir retiré ce caractère théâtral et avoir fait connaître ses qualités naturelles : la bonhomie, la droiture, le sentiment du devoir.

[1] Grille, II, 222.

[2] Voir notamment : discours de Delaunay à l'Assemblée nationale, 12 septembre 1792, *Moniteur*, 258. — Discours de Barrère à la Convention, 10 mai 1793, *Moniteur*, 132. — Fêtes civiques en l'honneur de Beaurepaire à Angers (*Affiches d'Angers*, 1, 6, 8 octobre 1792 et *Revue d'Anjou*, février 1909); à Guérande (archives départementales de Maine-et-Loire, L 585 *bis*, 36, 37). — Polémique engagée dans le *Journal de Maine-et-Loire*, 10, 12, 14, 16 janvier 1837. — Délibérations du Conseil municipal d'Angers, séances des 28 nov., 3 déc. 1836, 11 mars 1842, 8 sept., 23 déc. 1887, 20 mars 1888. — Dossier Beaurepaire, arch. de la mairie d'Angers, R. 2 ; lettres de David d'Angers, F. Grille, correspondance avec la municipalité de Coulommiers, projets d'érection de statue à Beaurepaire, etc...

II

L'armée austro-prussienne, forte de 57.000 hommes, sous le commandement supérieur du duc régnant de Brunswick-Luneburg, avait pénétré en France le 19 août 1792.

L'organisation d'une campagne n'avait pas l'allure foudroyante des mobilisations actuelles et on pouvait suivre depuis longtemps, par les feuilles publiques, la lente concentration des armées ennemies sur notre frontière du nord-est. Habitués comme nous le sommes maintenant à lire dans les journaux des dépêches sensationnelles, c'est une surprise de trouver au *Moniteur* des mois de juillet et août 1792 des correspondances sobres et précises venant de Francfort, Munich, Stuttgart, Coblentz, Trêves, Bonn, Mayence, Worms, Mannheim, Bruxelles, et dont les événements postérieurs ont confirmé l'exactitude. En revanche, les lenteurs d'information étaient grandes, les nouvelles arriérées de huit à dix jours et, par exemple, les Prussiens ayant pénétré en France le 19 août, les abonnés du *Moniteur* ne trouvaient à leur journal du 21 août que des nouvelles du 15, venant de Trêves et annonçant l'arrivée, dans cette ville, du roi de Prusse, du duc de Brunswick et du prince de Hohenlohe, avec d'autres généraux. Le 25 août seulement, ils apprenaient que Longwy était bloqué ; les Prussiens en étaient maîtres depuis deux jours.

Dans le monde militaire, on ne comptait pas davantage le prix des heures. On suivait les anciennes méthodes de guerre ; on marchait lentement, on campait, on prenait ses quartiers d'hiver et toute une armée s'arrêtait, aussi longtemps qu'il était nécessaire, pour faire le siège des moindres places qui se rencontraient sur la route.

Dans la séance de l'Assemblée nationale, le 25 juillet 1792 [1], Lacombe-Saint-Michel, au nom du Comité militaire, disait : «... Il n'est pas un militaire instruit qui ne sache « que bientôt il ne sera pas possible d'entreprendre une guerre « de siège parce qu'avant que les préparatifs en soient faits, « pour peu que la place se défende, pour peu qu'on soit à « portée de la secourir, l'assiégeant, malgré ses travaux, se « voit rejeté dans la mauvaise saison et forcé avec perte de « lever le siège... » Ces principes surannés étaient de règle commune. On rencontrait rarement des vues aussi hardies que celles d'un correspondant anonyme du 1er septembre 1792 au *Moniteur* [2] : «... Les armées combinées « marcheront sur les places comme pour en faire le siège ; « mais on s'emparera seulement des places qui ouvriront « leurs portes et on laissera des détachements de l'armée « devant celles qui voudront résister, afin d'en contenir « la garnison... »

Brunswick n'avait pas de ces audaces. Il avait mis quarante jours à amener ses troupes de Coblentz à la frontière. Comme on l'avait prévu, il arrêtait toute son armée devant Longwy. Il était admis que cette forteresse pouvait « résister plus d'un mois [3] ». On se demandait ensuite si Brunswick se porterait sur Thionville et Metz, sur Verdun ou sur Sedan. « ...Tout faisait espérer aux habitants de « Verdun qu'avant que l'ennemi fût maître de Longwy

[1] *Moniteur*, n° 208. Lacombe-Saint-Michel était officier d'artillerie.
[2] N° 245.
[3] *Rapport de Cavaignac*, page 6

« ils pourraient se fortifier davantage, réparer des murs « délabrés et surtout recevoir, des généraux Luckner et « Dumouriez, les secours nécessaires... [1] » Aussi les retards apportés à l'organisation de Verdun n'impliquent pas, comme on l'a tant répété, la trahison du pouvoir exécutif, de La Fayette, Dumouriez et Luckner. Ces généraux se conformaient simplement aux errements d'une époque que nous comparons trop souvent à la nôtre.

Mais tout ne marche pas à la guerre suivant des règles fixes. La capitulation de Longwy, dès le 23 août, bouleversa tellement les prévisions que l'Assemblée nationale refusa d'en croire la nouvelle qui lui fut apportée, dans la soirée du 25 août, par un courrier extraordinaire de Verdun [2].

Nous avons vu l'activité que déployèrent Beaurepaire et les autorités civiles du département dans cette circonstance imprévue, dès qu'ils connurent la reddition de Longwy. L'arrivée des alliés sous les murs de Verdun parut soudain une question de jours, d'heures peut-être, et on apprit, en effet, le 29 août, que l'armée avait levé son camp devant Longwy dans la matinée et marchait par Arrancy, Pillon et Mangiennes sur Verdun.

Beaurepaire réunit aussitôt, à l'Hôtel de Ville, les chefs des différents corps de la garnison et de la garde nationale citoyenne et leur adjoignit MM. Lambry, administrateur

[1] *Rapport de Cavaignac*, p. 6

[2] Voir au *Moniteur* du 27 août, n° 240, l'incrédulité avec laquelle fut reçu le messager, les dénégations de Merlin (de Thionville) et du ministre de la guerre. Cependant la nouvelle en avait couru à Paris la veille (voir séance du 24 août soir, de l'Assemblée nationale, *Moniteur*, n° 239).

Mondon dit dans sa *Notice* que la lettre confiée au courrier avait été rédigée avec une telle hâte qu'on oublia de la dater. Le courrier (M. Vazilier, de Verdun) fut considéré comme suspect, porteur de fausses nouvelles et il fallut l'intervention de Paillet, député de Verdun, pour en établir l'identité.

du district et Caré fils, maire de la ville, pour former le Conseil défensif de la place. Il en prit la présidence, et le Conseil ainsi constitué choisit pour secrétaire Mondon fils (Louis).

Disons de suite que la personnalité de Mondon a été mise en cause par le récent ouvrage de M. Pionnier. Il lui attribue[1] un rôle suspect dans l'hypothèse de l'assassinat de Beaurepaire. Ces insinuations ont été combattues par M. Sainctelette[2].

Il y avait à Verdun, en 1792, trois Mondon (le père, le fils et l'oncle), tous trois chargés de fonctions publiques. Pour les distinguer, on les désignait par les appellations de Mondon père (secrétaire en chef du district), Mondon fils (secrétaire adjoint du district et secrétaire du Conseil défensif), Mondon jeune (secrétaire de la ville). Tous trois avaient leurs bureaux et leurs appartements à l'Hôtel de Ville. Mondon fils (Louis), devenu Mondon père, avocat, avoué et juge suppléant au tribunal civil de Verdun, est mort à Verdun, le 20 juin 1848, âgé de 81 ans et huit mois[3]. Il a écrit une « Notice »[4], signée et datée à Verdun le 15 jan-

[1] Pionnier, pages 188-190, et chapitre V.

[2] *La mort de Beaurepaire, commandant de la place de Verdun en* 1792. *Étude critique sur un ouvrage récent.* Opuscule de 45 p. in-8, Paris, J. Mersch, 1908.

[3] Son acte de décès est reproduit par Sainctelette, p. 44 (note).

[4] *Notice sur les événements qui ont intéressé la ville de Verdun depuis le mois de juin* 1791 *jusqu'à pareille époque de* 1795, *par M. Mondon père, avocat, avoué en cette ville, qui a rempli les fonctions de secrétaire-adjoint et en chef de l'administration du district, et aussi celles de secrétaire du conseil défensif pendant le siège, à peu près le seul de ceux qui ont pris part aux événements de ce temps que la mort ait jusqu'à présent épargné, et qui a résolu, avant que sa mémoire fût en défaut, de fixer sur le papier le récit de tout ce qu'il a connu, plus particulièrement ce qu'il a vu et ce qui s'est passé dans la ville de Verdun dans le cours du temps que l'on appelle révolutionnaire.*

vier 1842, et qui se termine par cette phrase : « Je certifie sur mon honneur la vérité de tout ce que contient cette notice ».

Comme les trois Mondon ont pu suivre de près, en raison de leurs fonctions, les événements relatifs à la mort de Beaurepaire et que Mondon fils assistait aux séances du Conseil défensif, on conçoit l'importance de son témoignage. Cette notice, déposée par l'auteur à la mairie de Verdun, en a disparu vers 1848 ou 1849 et n'a pas été retrouvée. M. Sainctelette a prouvé [1] que les explications données par M. Pionnier [2] sur cette disparition sont trop légèrement documentées pour qu'on puisse les accepter. Dufour avait eu connaissance de cette notice en 1842 et en a fait le fond d'une partie de son ouvrage [3]. Desclozières [4] l'a également connue et en a publié des extraits qui ont été cités par différents chercheurs, et dont l'un est intégralement reproduit par M. Pionnier [5]. Cet extrait diffère sensiblement du texte original de 1842 et serait peut-être le nouveau texte remanié par Mondon si, comme le prétend M. Pionnier, Mondon lui-même, dans les dernières années de sa vie, a repris son manuscrit pour le mettre en concordance avec des faits nouvellement découverts sur la mort de Beaurepaire. Il est regrettable que M. Pionnier, dans son séjour à Verdun, et M. Sainctelette n'aient pu se procurer cette notice ; le premier aurait évité une singulière méprise, dont nous parlerons plus loin, et le second y aurait trouvé d'excellents arguments à sa thèse en faveur de Mondon.

Nous avons eu entre les mains, non pas la notice originale

[1] Sainctelette, pp. 42-45.

[2] Pionnier, pp. 207-208.

[3] Dufour, pp. 90-125.

[4] *Recherche de la vérité sur les causes de la mort du commandant Beaurepaire, défenseur de Verdun en 1792. Rapport présenté à la Société des études historiques*, opuscule in-8, Paris, 1887.

[5] Pionnier, pièces justificatives, p. XXII.

de Mondon, mais une copie prise littéralement, le 14 mai 1842, sur cette notice elle-même. Nous la croyons parfaitement authentique et y ferons de fréquents emprunts [1].

Aussitôt constitué, le Conseil défensif tint sa première séance. Beaurepaire, par un arrêté spécial, requit les autorités civiles de faire un recensement général de la population pour vérifier s'il n'y aurait pas d'espions dans la place. Puis le Conseil arrêta, en treize articles, différentes mesures militaires, de police et d'administration [2]. Ces deux documents authentiques, parfaitement connus et plusieurs

[1] Nous avons encore cherché à Verdun tout ce qui pouvait nous éclairer sur la personnalité de Mondon. Nous avons seulement trouvé (Bibliothèque de Verdun, n° 2563, *Recueil factice de pièces verdunoises anciennes et modernes*, tome III, in-4), deux opuscules , sans date ni indication d'imprimeur, et dans lesquels le citoyen Brodelet (Jean-Nicolas), trésorier-payeur général du département de la Meuse, recherche les causes de la disparition (en 1799 ?) d'une somme de 36.000 francs renfermés dans une caisse dont le citoyen Mondon seul avait les clefs et accuse ce même Mondon d'avoir, en 1792, dénoncé plusieurs personnes à la Commission provisoire de Verdun chargée de l'enquête sur la reddition de la place. Plusieurs pages ont été arrachées à chacun de ces opuscules et nous n'avons pu en retrouver d'autres exemplaires. Dans le même recueil se trouve un troisième opuscule in-4, de 32 pages, complet, mais sans date ni indication d'imprimeur, et intitulé : *Explications données par le citoyen Mondon sur les notes et observations du citoyen Brodelet.* Nous savons qu'il existe sur ce sujet un autre mémoire de Mondon, mais nous n'avons pu nous le procurer.

En présence de documents aussi incomplets il nous a été impossible de nous faire une opinion.

[2] *Inventaire* (*manuscrit*) *des archives et objets mobiliers de la mairie de Verdun*, 1856. — *Époque révolutionnaire*, page 87. I'', pièces nos 1 et 2. La pièce n° 2 est ainsi désignée : 29 *août* 1792. *Formation du Conseil défensif de la place qui est sur le point d'être assiégée.* C'est un cahier, grand in-4 de 5 feuilles, ou dix feuillets, dont six (c'est-à-dire 12 pages) sont remplis par l'enregistrement, avec signatures, des délibérations des 29, 30, 31 août, 1er et 2 septembre 1792 du Conseil défensif.

Ces enregistrements ont été maintes fois reproduits, mais la pièce originale elle-même n'a pas été assez étudiée. Un chercheur plus expert que nous en écritures y trouvera peut-être le secret de la mort de Beaurepaire.

fois publiés, attestent l'intention bien arrêtée par l'autorité militaire d'exercer le commandement absolu dans la place. Nous y lisons en effet :

« 1° Aussitôt que l'ennemi sera à la distance de 1.800 « toises [1], la ville sera déclarée en état de siège, les citoyens « en seront prévenus et une proclamation leur annoncera « qu'en conformité de l'article 10 du titre premier de la « loi du 10 juillet de l'année dernière, toute l'autorité « dont les officiers civils sont revêtus par la Constitution « passe au commandant militaire pour l'exercer exclusi- « vement sous sa responsabilité personnelle. »

Ainsi Beaurepaire n'ignorait ni la loi, ni les devoirs qu'elle lui imposait.

Il est certain que des prescriptions nouvelles pouvaient jeter un doute dans les esprits habitués à l'ancienne Ordonnance du 1er mars 1768, sur le service des places fortes, modifiée par la loi du 10 juillet 1791. A la tribune de l'Assemblée nationale, à la barre, dans les loges, on déclamait sans cesse contre l'incivisme des commandants de places fortes ou villes frontières, nommés par le roi [2]. On voulait les destituer, les faire contrôler par les officiers municipaux élus du peuple, confier aux autorités civiles les clefs des portes et des poternes. En un mot, le commandement suprême aurait appartenu au pouvoir civil. Mais ces exigences de la démocratie avaient été repoussées par l'Assemblée nationale et, si des abus du pouvoir civil ont été commis dans quelques cas particuliers, ceux qui ont cru à leur mise en pratique générale, spécialement à Verdun [3], ont confondu les faits.

[1] 3.500 mètres.

[2] Séances des 23, 25 juillet, 6 août 1792 de l'Assemblée nationale. *Moniteur*, nos 206, 208, 220.

[3] *Témoin oculaire*, p. 79. — Jomini, *Histoire critique et militaire des guerres de la Révolution*, édition de 1820, II, 102. — Lamartine, *Histoire des Girondins*, édition Furne, livre XXIV, p. 301. — Mor-

Dans la séance du 25 juillet 1792, l'Assemblée nationale, après avoir entendu un rapport de Lacombe-Saint-Michel au nom du Comité militaire, avait voté un décret en trois articles, qui précisait nettement les devoirs de chacun :

ARTICLE PREMIER. — Tout commandant de place forte, revêtue ou bastionnée, qui la rendra avant qu'il y ait brèche accessible ou praticable au corps de ladite place, qu'il n'ait soutenu au moins un assaut dans le cas seulement où il y aura un retranchement intérieur fait à l'avance, ou pendant le siège, sera puni de mort.

ART. 2. — Les places de guerre étant la propriété de tout l'Empire, dans aucun cas, les habitants ni corps administratifs ne pourront requérir un commandant de place de la rendre, sous peine d'être traités comme des révoltés et des traîtres à la patrie.

ART. 3. — Lorsqu'une ville assiégée aura brèche accessible et praticable au corps de la place et qu'elle aura soutenu au moins un assaut dans le cas prévu par l'article premier ci-dessus, que le Conseil de guerre aura jugé que, ne pouvant plus la défendre par le moyen des retranchements intérieurs, elle devra être rendue, il ne pourra néanmoins la rendre, ni capituler, que du consentement du Conseil général de la commune et des corps administratifs réunis, s'il y en a dans la place.

Le soir même de sa promulgation, le député Choudieu envoya ce décret à Beaurepaire, par l'intermédiaire d'un ami[1] : « Je t'envoie... un décret qui vient à l'instant « même d'être rendu et que tu donneras à notre honoré « Beaurepaire. Il fera bien de le faire afficher à Verdun. Ce « n'est pas contre des hommes comme lui que l'Assemblée

[t]imer-Ternaux, *Histoire de la Terreur*, IV, 142. — Dareste, *Histoire de France*... VII, 385. — Grille, II, 281. — Dictionnaires ou Encyclopédies de Larousse, Bescherelle, Bouillet, docteur Robinet, etc.

[1] Billet de Choudieu, à Geslin, Paris, 25 juillet 1792. Grille, II, 105.

« se veut prémunir; elle en est trop sûre, mais c'est contre « les corps constitués souvent tièdes. J'ai des raisons de « craindre que ceux de votre ville n'aient des accointances « un peu bien entachées de ce modérantisme furieux qui « corrompt et compromet tout... »

Plus tard, après la reddition de Longwy, ces rigueurs furent encore aggravées, et Choudieu, écrivant à Geslin, lui disait [1] : « Fais part à Beaurepaire... que, s'il veut entrer « dans les vues de l'Assemblée, il fera fusiller tout mauvais « citoyen qui parlerait de se rendre pour éviter le bom- « bardement... » Ce dernier billet eut le temps de parvenir à Beaurepaire, qui en remercia Choudieu [2].

Nous pouvons donc affirmer que tout le monde à Verdun avait connaissance des lois et décrets, même les plus récents, de l'Assemblée nationale, relatifs aux places fortes ; le texte des délibérations officielles des corps administratifs de Verdun le prouve à maintes reprises. Chacun savait sa part de responsabilité et les discussions auxquelles on s'est livré [3] sur ce point nous paraissent sans objet.

Dans la soirée du même jour, 29 août, et dans la nuit, les postes détachés au nord-est de Verdun et sur la Meuse rentrèrent dans la place, annonçant que l'ennemi campait aux environs de Mangiennes.

Le lendemain, 30 août, dès huit heures du matin « l'ap- « proche de l'ennemi fut annoncée par des pelotons de troupes

[1] Billet de Choudieu, à Geslin, 25 août 1792 (Grille, II, 217).

[2] Billet de Geslin à Choudieu, 26 août (Grille, II, 218). C'est ce billet que Choudieu lut à l'Assemblée nationale dans la séance du 29 août (soir). (Voir plus haut, p. 61.)

Beaurepaire n'a pu connaître le décret voté le 31 août (et confirmé le 7 septembre) (*Moniteur*, nos 246, 253), portant que tout commandant de place assiégée et bombardée est autorisé à faire démolir la maison, ou brûler les meubles de tout citoyen qui parlera de rendre la place pour éviter le bombardement. Ce décret aurait pu avoir son application immédiate à Verdun.

[3] Dommartin, p. 74 ; Pionnier, p. 150.

« légères qui se répandaient dans la campagne et s'avan-« çaient jusqu'à la portée du canon [1] ».

Le Conseil défensif mit aussitôt à exécution son arrêté de la veille et prit, à huit heures du matin (30 août), une délibération ainsi conçue : « ... Le Conseil défensif a été « informé par les patrouilles que l'ennemi était très près, « et en effet il s'est présenté à la hauteur de la côte Saint-« Martin et de celle de Belleville. Les corps administratifs « ont été rassemblés et, de concert avec eux, il a été dé-« claré que la place était en état de siège. La proclamation « arrêtée dans la séance d'hier a été publiée, la générale a « été battue, le tiers de la garnison a été placé sur les « remparts [2]... »

Deux bonnes nouvelles avaient réconforté les Verdunois. Luckner promettait un renfort de 4.000 hommes et le capitaine Fischer, aide-de-camp de Galbaud, annonçait que Galbaud, envoyé par Dumouriez, revenait prendre le commandement de Verdun et y faire entrer le 17e régiment d'infanterie, le bataillon de Saône-et-Loire, au total 1.500 hommes, et quatre pièces d'artillerie.

La lettre, en date du 29 août 1792 [3], par laquelle Dumouriez donnait cette mission à Galbaud confirme une fois de plus que le général en chef ne croyait pas à l'imminence d'un péril pour la place et que les événements se précipiteraient aussi vite.

L'annonce de ce secours inespéré « avait donné à tous

[1] *Rapport de Cavaignac*, p. 9.

[2] Cahier d'enregistrement des délibérations du Conseil défensif Séance du 30 août, 8 heures du matin.

[3] Dumouriez à Galbaud, Sedan, 29 août 1792. (Bibliothèque de Verdun. mss. *Verdun-Révolution*, II, 19). Une partie des papiers de Galbaud se trouve aux Archives nationales. Quelques-uns sont à la bibliothèque de Verdun. D'autres se trouveraient dans la collection Buvignier, actuellement revendiquée par l'État et par le département de la Meuse.

les combattants (de Verdun) tout le courage possible [1] ». On décida que la garnison enverrait un détachement au-devant de Galbaud pour faciliter son entrée dans la place et les mesures de détail qui furent prises nous sont conservées par le procès-verbal de la séance du Conseil défensif du 30 août, 5 heures du soir. Tous nos prédécesseurs les ont reproduites exactement d'après ce procès-verbal et le Rapport de Cavaignac. Nous croyons toutefois que la sortie générale, qui eut lieu après 5 heures du soir, avait été précédée de sorties partielles exécutées par les plus impatients [2]. Le détachement resta jusqu'à la nuit close sur les hauteurs des Bois-Bourrus, attendant anxieusement l'apparition des renforts.

Mais Galbaud ne tenait pas à rentrer à Verdun. Sous prétexte qu'il entendait une vive canonnade du côté de la place, qu'il n'avait pas de cavalerie pour s'éclairer et qu'il apercevait une nombreuse cavalerie ennemie qui lui barrait la route, il s'avança seulement jusqu'à Dun et s'en fut coucher à Varennes, abandonnant Verdun à son malheureux sort. Les explications données par Galbaud dans ses « Observations » et les conclusions du Conseil de guerre qu'il réunit à Varennes pour dégager sa responsabilité n'excusent nullement sa conduite. Il paraît évident, d'après les progrès des alliés sur la rive gauche de la Meuse, le 30 août, que Galbaud, aidé du détachement que Beaurepaire envoyait au-devant de lui, pouvait facilement se jeter dans Verdun. D'ailleurs Dumouriez lui témoigna son mécontentement trois jours après, tout en reconnaissant plus tard que Galbaud a été plus utile à la France en occupant le défilé des Islettes qu'en s'enfermant dans Verdun [3].

[1] Billet du 30 août 1792 de Fischer à Galbaud, mss. *Verdun-Révolution*, II, 20.

[2] Il y a beaucoup de raisons pour qu'il en soit ainsi et, dans une lettre du 31 août, le volontaire Geslin écrit : « ... Une sortie a eu lieu dans la matinée d'hier 30... » (Grille, II, 224.)

[3] Voir *Observations de Galbaud* (pp. 12 à 15); — *Rapport de Cavai-*

Dans cette même séance du 30 août 1792, 5 heures du soir, avait eu lieu un incident qui a été diversement interprété. Beaurepaire fit observer «... qu'il ne se trouvait « plus le plus ancien des capitaines de la garnison, que plu« sieurs de messieurs les lieutenants-colonels des batail« lons de volontaires avaient des commissions antérieures « à la sienne, qu'en conséquence, il remettait, conformé« ment à l'article 2 de la section 6 de la loi du 3 février « dernier, le commandement de la place à celui de MM. les « lieutenants-colonels qui justifiera avoir la commission « de capitaine la plus ancienne [1]. »

Cet incident était soulevé par Lombard, lieutenant-colonel du bataillon de la Charente-Inférieure, qui était arrivé la veille et prétendait avoir une commission antérieure à celle de Beaurepaire. Mais, comme il n'avait pas son titre, on discutait ses prétentions. De Neyon, lieutenant-colonel du 2e bataillon de la Meuse et commandant du dépôt général des volontaires, crut trancher le différend en disant qu'il était le plus ancien de tous et qu'il avait, en outre, un commandement en chef. On lui objecta qu'il n'était que lieutenant-colonel en second et ses représentations ne furent pas admises.

Ces discussions, qui nous sont conservées par le *Moyen de défense* de Neyon, n'ont pas été mentionnées au procès-verbal du Conseil défensif. On n'y trouve que la conclusion du débat : « ...Le Conseil, considérant que celui de mes« sieurs les lieutenants-colonels qui pourraient prendre le « commandement n'a point sur lui sa commission, a arrêté

gnac (pp. 9-10) ; — Billet de Fischer à Galbaud ; procès-verbal du Conseil de guerre tenu à Varennes le 30 août ; lettre du 2 septembre de Dumouriez à Galbaud. Biblioth. de Verdun, mss. *Verdun-Révolutionn.*, II, 20, 21, 24. — *Mémoires de Dumouriez*, pp. 253 et seq. — *La première invasion prussienne*, par A. Chuquet, p. 232.

[1] Cahier d'enregistrement des délibérations du Conseil défensif, séance du 30 août (soir).

« que M. Beaurepaire conservera le commandement, ce « qu'il a accepté. »

On a interprété [1] cet incident comme un premier symptôme de défaillance de Beaurepaire. Nous ne voyons dans cette délibération qu'une stricte exécution des règlements militaires. Quel est l'officier qui assumerait le commandement d'une place assiégée et s'y ferait obéir, si ses droits n'étaient pas régulièrement constatés ? Jusqu'au 30 août Beaurepaire se trouva, sans discussion, le plus ancien officier de la place, et comme tel il avait pris le commandement. L'arrivée de Lombard, le 29 août, causa une incertitude qu'on dissipa d'une manière légale. Les choses ne pouvaient se passer autrement et le procès-verbal du 30 août n'atteint en aucune façon la mémoire de Beaurepaire, de Lombard ou de Neyon.

Cependant Verdun ne fut pas bloqué le 30 août. Le détachement qui sortit au-devant de Galbaud rentra dans la nuit sans avoir tiré un coup de fusil. A cinq heures du soir on discutait encore, au Conseil défensif, la possibilité d'envoyer à Montmédy un convoi de deux cents sacs de farine.

En effet, les alliés, partis le matin des environs de Mangiennes, arrivaient par fractions, et même très en désordre. L'armée était sous le coup d'une surexcitation inexplicable, qui dégénéra en débandade [2]. Dès l'entrée de la forêt de

[1] *Notice* de Mondon. — Dommartin, pp. 75-76., — Article intitulé : *Beaurepaire* (1740-1792) et signé Pèdre Lafabrie, *Revue littéraire*, supplément mensuel au Journal l'*Univers*, avril 1891, pp. 54-59.

[2] *Documents relatifs aux campagnes en France et sur le Rhin pendant les années* 1792 *et* 1793, *tirés des papiers militaires de S. M. le feu roi de Prusse Frédéric-Guillaume III, traduits de l'allemand par Paul Mérat, lieutenant au* 24e *léger*, in-8, de 159 pages. Paris Corréard, 1848. — *Première partie. Réminiscences de la campagne de France depuis le* 19 *août jusqu'au* 23 *oct.* 1792, pp. 16-17.

C'est un recueil de notes prises au jour le jour, en vue d'une rédaction ultérieure, par le prince royal de Prusse. Retrouvé dans ses papiers

Mangiennes, « les bataillons se forment en colonne, font « halte et passent l'inspection des fusils et des gibernes. — « On croit généralement que ce sont des préparatifs pour « une action prochaine. — Tant que le terrain le permet « on reste formé en colonne de route. — Marche forcée « jusqu'à Verdun. — Une grande ardeur s'empare de la « troupe, mais elle arrive bientôt à un tel point de pa- « roxysme que ce n'est plus de l'ardeur guerrière, mais « bien une fougue insupportable ; presque tous les soldats « abandonnent les rangs pour s'avancer isolément en « maraudeurs... — Comme le nombre des maraudeurs « va toujours en augmentant, on en est réduit à pousser « la marche avec plus de vigueur. — Moi-même je vis un « mousquetaire du régiment d'Herzberg qui rendait le « sang par la gorge. — On croit toujours que nous sommes « sur le point d'en venir aux mains... — Auprès du « hameau de la Grand'Bras l'armée s'arrête sur la route, « au milieu du plus grand désordre et attend le tracé du « camp. — Retard de plusieurs heures occasionné par l'éta- « blissement du camp en arrière de cette éminence... — « Aucun ne sait au juste quelle est sa destination... — Les « traînards rejoignent sur le soir... Chaque régiment « avait parmi eux près de la moitié de son effectif... — « Plusieurs hommes succombèrent de faiblesse... — « C'est le diable qui a fait une telle étape », s'écriait un « soldat. — Il ne faut compter sur aucun soulagement, ni « sur aucun rafraîchissement. — C'est ainsi que se termine « une marche si pénible, exécutée avec un emportement « des plus dangereux. — Maintenant que la marche est « achevée, il n'en reste plus que le désordre ! Que de peines, « que de fatigues, que de maux de toutes espèces nous « restent à surmonter !... »

il a été publié en novembre et décembre 1846 par le *Militärwochenblatt* et médiocrement traduit par Mérat.

Ce tableau pessimiste est confirmé par les lettres du « Témoin oculaire[1] » : « ... De Longwy à Verdun, dit-il, nous ne « fîmes que deux marches, mais si pénibles que beaucoup « de nos soldats en moururent... » Tous les mémoires du temps, allemands et français, s'accordent à peindre une armée déjà éprouvée par le mauvais temps, souffrant de la dysenterie contractée à Trêves, désenchantée de ne pas trouver en France l'accueil amical qu'avaient promis les émigrés. Les alliés croyaient à une promenade militaire jusqu'à Paris et la désillusion commençait dès les premières étapes [2].

Dans l'état lamentable où se trouvait cette armée arrêtée en désordre sur la route, près de Grand-Bras, précédée ou suivie d'une nuée de maraudeurs, qu'aurait produit une sortie vigoureuse de la garnison de Verdun ? Elle eût au moins causé un grand effet moral. Mais le système de défendre une place par des sorties n'était pas alors préconisé et Beaurepaire n'était pas, comme Wimpfen à Thionville, de ces esprits qui réagissent contre les idées de leur temps.

[1] *Campagne du duc de Brunswick contre les Français en* 1792, *avec des réflexions sur les causes, les progrès de la Révolution française et son influence sur les destinées de l'Europe, publiée en allemand par un officier prussien, témoin oculaire, et traduite en français sur la 4e édition.* In-8 de 343 pages. Paris, Forget, an III de la République, page 74.

[2] *Réminiscences.* — *Témoin oculaire.* — Gœthe, *Campagne de France.* — Lettres de Lombard, secrétaire du roi de Prusse, publiées par H. Hüffer (*Deutsche Revue*, février-mars 1883) ; — Mémoires de Massenbach, aide-de-camp du roi de Prusse. *Memoiren uber meine Verhœltnisse zum preussischen Staat und insbesondere Herzoge von Braunschweig*, 3 vol. in-8, Amsterdam, 1809 ; — Mémoires de Minutoli, officier de l'armée prussienne : *Militœrische Erinnerungen*, 1 vol. in-8, Berlin, 1845, et *Der Feldzug der Verbundeten in Frankreich im Jahre* 1792, 1 vol. in-8, Berlin, 1847. — Mémoires du soldat Laukhard : *Laukhards Leben und Schicksale*, 3 vol. in-8, 1796. — On trouve la peinture des armées prussienne et française pendant la campagne de 1792 dans les deux ouvrages de M. A. Chuquet : *La première invasion prussienne* et *Valmy*, 2 vol. in-8, Paris, 1886 et 1887.

Pouvait-on croire aussi que cette armée prussienne réputée la première du monde depuis la guerre de Sept ans, et commandée par Brunswick, qui passait pour le meilleur général de l'époque, fût accessible à de telles défaillances ? Il est donc naturel que les défenseurs de Verdun soient demeurés derrière leurs remparts.

Cependant ils ne restaient pas inactifs et une grande agitation régnait en ville depuis la proclamation de l'état de siège, à huit heures du matin. On ne délivrait plus de passeports pour sortir de la place, sauf aux femmes, aux enfants et aux électeurs convoqués au canton de Gondrecourt [1]. En prévision d'un bombardement, les habitants étaient requis de dépaver les rues et les trottoirs, chacun devant sa maison, et les bourgeois de se former en brigades pour éteindre les incendies. La garde citoyenne organisait des patrouilles pour la police intérieure. Les fours de la manutention et la prison furent gardés militairement. Les corps administratifs se tinrent en permanence à l'Hôtel de Ville, où une garde de douze hommes avait la consigne de ne laisser entrer personne ; ce service fut assuré, ce jour-là, par les grenadiers de Maine-et-Loire, tous dévoués corps et âme à Beaurepaire. Les bataillons de volontaires, la ligne, les gardes nationales étaient distribués et mêlés sur les remparts. Beaurepaire avait décidé qu'un tiers de chaque corps resterait en armes, un tiers aux travaux et un tiers au repos [2].

De la vallée où s'abrite Verdun on distingue tout ce qui se passe sur les hauteurs qui lui font une ceinture, à la dis-

[1] Pour les élections à l'Assemblée nationale. Les électeurs du département de la Meuse avaient été convoqués à Gondrecourt. (Tableau inséré au *Moniteur* du 18 août 1792, n° 231.)

[2] Cahier d'enregistrement des délibérations du Conseil défensif, séance du 29 août. — Procès-verbal des séances du Comité permanent de la commune de Verdun, 29 et 30 août. Biblioth. de Verdun, mss. *Verdun-Révolution*, II, 17. — Grille, II, 225.

tance moyenne de deux à trois mille mètres, Avec une nervosité comparable à la surexcitation de leurs adversaires, les Verdunois gaspillèrent leurs munitions en tirant à coups de canon sur les éclaireurs de Brunswick, qui n'en pouvaient souffrir. Cette canonnade du 30 août a été discutée[1]; elle est pourtant constatée par de nombreux témoins. Galbaud a entendu une vive canonnade [2]. La délibération du Conseil de guerre de Varennes fait état du : «... bruit du canon... « entendu toute la journée du côté de Verdun... [3] » — « — ... Nous entendîmes gronder le canon, quoique éloi- « gnés encore de quatre lieues, dit le « Témoin oculaire [4] ». « C'était la garnison de Verdun elle-même qui saluait ainsi « les émigrés, lesquels s'étaient en effet avancés vers la « ville à gauche. Ce n'était pas un feu continuel et dans les « règles ; aussi cessa-t-il bientôt... » — « ... Depuis que « la marche tire sur sa fin nous ne cessons d'entendre « gronder le canon de la place, dit le prince royal de « Prusse [5]... L'idée d'asseoir le camp sur les éminences « qui entourent Verdun... ne peut être exécutée parce « que la grosse artillerie de la ville foudroie ces hauteurs... » Dans sa Notice, Mondon nous apprend que le 1er septembre, lorsqu'on discuta au Conseil défensif la seconde sommation de Brunswick, « les commandants du génie et de l'artillerie « ne tinrent pas le même langage que la veille au matin. « J'étais présent et je me souviens parfaitement que ces « messieurs firent beaucoup valoir... la pénurie... des « munitions après la consommation inutile qu'on en avait « faite dans les deux journées précédentes... » — Le président du tribunal du district d'Etain a noté dans son

[1] *Pionnier*, p. 153 (note).

[2] *Observations de Galbaud*, p. 13.

[3] Procès-verbal du Conseil de guerre de Varennes, 30 août. Bibl. de Verdun, mss. *Verdun-Révol.* II, 21.

[4] *Témoin oculaire*, p. 77.

[5] *Réminiscences*, pp. 16-17.

Mémorial [1], à la date du 30 août, que les Prussiens, traversant Etain, ne s'y arrêtaient pas et se portaient sur Verdun « dont en entendait le canon ». — « Le jeudi 30 « août, dit Buirette [2], on entendit (de Sainte-Menehould) « dans l'éloignement, un grand nombre de coups de canon, « sans pouvoir distinguer précisément de quel endroit ils « partaient... »

Il est donc probable que, le 30 août, les Verdunois tiraient le canon dès qu'une patrouille paraissait sur les hauteurs ; les troupes médiocres ont toujours éprouvé ce besoin de s'étourdir. Les Prussiens ne leur rispostaient pas.

Quand la nuit tomba, le détachement envoyé au-devant de Galbaud rentra par la porte de France. Ce fut une déception. Verdun « paraissait abandonné de la terre entière [3] ». On apprit, vers minuit, qu'il fallait renoncer à ce dernier espoir. « ... Cette nouvelle bientôt répandue a ému les « habitants et resserré la garnison. L'ordre a été donné « de mettre des lampions à toutes les fenêtres. Le peuple « court les rues et demande des armes... Il est deux « heures du matin. Nous ne dormons plus. Les malades ont « quitté le lit [4]... »

Le jour qui se levait réservait bien d'autres émotions.

Le 31 août, dans la matinée [5], un parlementaire se pré-

[1] *Mémorial du sieur Jean Beguinet l'aîné, président du tribunal du district d'Etain.* Biblioth. de Verdun, ms. 211 (copie).

[2] *Histoire de la ville de Sainte-Menehould et de ses environs*, par Claude Buirette, 1 vol. in-8, Sainte-Menehould, 1837, p. 584.

Claude Buirette, né à Sainte-Menehould en 1754, mort en 1827, a recueilli les témoignages contemporains. Son excellent ouvrage a été réédité en deux volumes en 1882 et une troisième fois depuis.

[3] *Rapport de Cavaignac*, p. 8.

[4] Geslin à Choudieu, 31 août 1792. (Grille, II, 225.)

[5] Vers 9 heures, dit Mondon (Notice). — A 10 heures, selon une lettre de Desmazières à son père (Grille, II, 247). — Au matin, selon Vistot (Mémoire manuscrit). — A 8 heures selon Pionnier (p. 157).

sentait à la porte Chaussée. MM. Chuquet et Pionnier [1], d'après Gœthe [2], ont dit que c'était un aventurier nommé Grotthaus , personnage qui n'avait pas le prestige nécessaire pour une telle mission. Grotthaus a pu faire partie de l'escorte, mais nous croyons que le parlementaire officiel du 31 août fut le major Hompesch, qui revint le lendemain. Le procès-verbal de la délibération du Conseil défensif, le 31 août, dit qu'on introduisit dans la salle « un aide de camps de l'armée ennemie ». Ce titre ne saurait s'appliquer à Grotthaus. Dans son interrogatoire par la Commission municipale provisoire de Verdun, le 3 novembre 1792 [3], de Neyon dit que le même parlementaire est venu le 31 août et le 1er septembre et on sait que la seconde sommation fut apportée par le major Hompesch. Mérat [4] nomme aussi Hompesch comme le porteur de la première sommation.

Quoi qu'il en soit, vers neuf heures du matin, ce parlementaire fut conduit à l'Hôtel de Ville avec les précautions d'usage, les « yeux bandés », et introduit dans la salle où siégeait le Conseil défensif «... La lumière lui a été rendue « et il a remis au commandant de la place un paquet qui « contenait une sommation de rendre incontinent la place, « au nom de Sa Majesté très chrétienne, par le duc de « Brunswick... datée du camp de la Grand'Bras, ce présent jour. Le même aide de camps a remis à Monsieur le « Maire un paquet adressé au chef des habitants et autres « notables de la ville de Verdun. L'aide de camps retiré « dans un appartement séparé, le Conseil a arrêté que la « lettre adressée au chef des habitants sera lue dans une

[1] Chuquet. *La première invasion prussienne*, p. 233. — Pionnier, p. 157.

[2] Gœthe, *Campagne de France*, p. 22. — Huffer, *Gœthe-Jahrbuch*, IV, 85.

[3] Interrogatoire de Neyon. Bibl. de Verdun. ms. 211, pp. 165-168 et ms. 213, p. 61.

[4] Mérat, p. 26.

« assemblée du Conseil général de la commune, en présence « de trois commissaires du Conseil : ce qui a été fait à l'ins- « tant [1]... »

On ne connaît pas le texte de cette lettre adressée « au chef des habitants » ; on n'a même aucun détail sur ce document, et on a généralement supposé que c'était la même sommation qui fut remise au commandant de la place. Le texte de cette sommation est connu et a été plusieurs fois publié [2].

[1] Cahier d'enregistrement des délibérations du Conseil défensif, séance du 31 août.

[2] « Le commandant, les troupes et les habitants de la ville de Ver- « dun sont sommés de rendre immédiatement cette place. Ils sont « prévenus en même temps que par leur obstination dans une dé- « fense inutile ils se rendront coupables de tous les malheurs qui « peuvent accompagner les opérations militaires, qui seront poussées « avec toute la vigueur nécessaire pour réduire la place sous l'obéis- « sance de Sa Majesté très chrétienne, légitime souverain du royaume « de France ; les intentions de leurs Majestés l'Empereur et le Roi « de Prusse ont été suffisamment manifestées par la déclaration « rendue le 25 du mois dernier au nom de leurs Majestés Impériale « et Royale, dont je joins une copie à la présente sommation, par « laquelle il est enjoint de reconnaître l'autorité de Sa Majesté très « chrétienne.

« Les forces de leurs Majestés Impériale et Royale étant employées « uniquement à réduire les rebelles à l'autorité légitime qu'ils ont « méconnue, les commandants remettront à la disposition de Sa « Majesté très chrétienne, ou à des personnes qui auront titre « pour agir en son nom, tous les pays et villes qu'ils auront réduits « sans qu'aucune conquête soit faite.

« Tous les commandants, les troupes et les habitants des villes et « postes fortifiés de la France ne pourront, en conséquence, prétendre « en aucune manière à se disculper sous quelque prétexte que ce soit « des malheurs qu'ils ne pourraient attribuer qu'à leur coupable « résistance. Ils auront à se reprocher de voir la place et tous les « habitants soumis à la discrétion du vainqueur et à toutes les fureurs « des soldats.

« Tous ceux, au contraire, qui s'empresseront de se rendre aux « sommations qui leur seront faites, pour Sa Majesté très chrétienne, « par les commandants de quelque corps des armées combinées, « et particulièrement la ville de Verdun, que je fais expressément

Le Conseil défensif entendit alors les rapports de Bousmard et de Vercly, commandants du génie et de l'artillerie. Leur avis n'est pas consigné au procès-verbal de la délibération du Conseil. « ...Autant que ma mémoire peut me « servir, dit Mondon dans sa Notice, ces messieurs n'ins- « pirèrent aucune défiance ni sur la disposition des troupes « et des habitants, ni sur l'insuffisance des moyens de « défense... Il me paraît évident que, si les rapports « (de ces messieurs) pussent inspirer de l'inquiétude, la « réponse au duc de Brunswick eût du être d'un tout autre « style... » Cavaignac s'exprime de même [1] : « ...Il paraît, « dit-il, que le Conseil se fit rendre compte... de l'état de « la place par l'ingénieur Bousmard et par Vercly, com- « mandant de l'artillerie ; que leur rapport fut que la place « était en état de résister puisque, immédiatement après « l'avoir entendu, le Conseil refusa de déférer à la somma- « tion. Cependant les mêmes officiers rendirent le lende- « main un compte tout différent, d'après lequel la capitu- « lation fut acceptée... » Vistot arrive à une conclusion identique. Neyon ne nous apprend rien sur ce point. Lemoine, seul, laisse entendre que des divergences d'opinion se produisirent dès la remise de la première sommation [2] : « ... Le Conseil de défense après de longs « débats, dit-il, où chacun s'exprima selon ses vues et ses

« sommer peuvent être assurés de la protection spéciale de leurs « Majestés Impériale et Royale ; les frères de Sa Majesté très chré- « tienne (sont) également disposés et résolus à prouver et à garantir « l'ordre et la justice au rétablissement desquels les forces de leurs « Majestés Impériale et Royale sont principalement destinées.

« Fait au camp de la Grand-Bras, ce 31 août 1792.

« Le duc de BRONSVIC. »

D'après une copie ancienne qui existe aux archives de la mairie de Verdun, I" pièce n° 3.

[1] *Rapport de Cavaignac*, p. 11.

[2] *Mémoire de Lemoine au roi*, 15 janvier 1835.

« opinions, repoussa la proposition faite au nom du roi de » Prusse... »

En fin de compte, ayant délibéré séparément, le Conseil défensif et les Corps administratifs rédigèrent, chacun de leur côté, des réponses fermes et pleines de dignité. C'étaient des refus catégoriques à la sommation de Brunswick ; les textes en sont connus et ont été publiés plusieurs fois [1]. Celle du Conseil défensif, dont l'honneur revient au commandant Beaurepaire, était ainsi conçue : « Le commandant et les troupes de la garnison de Verdun ont « l'honneur d'observer à M. le duc de Brunswick que la « défense de cette place leur a été confiée par le Roy des « Français, de la loyauté duquel il leur est impossible de « douter. En conséquence, ils ne peuvent sans manquer « à la fidélité qu'ils lui doivent, ainsi qu'à la nation et à « la loy, remettre la place tant qu'il leur restera des moyens « de la défendre. Ils espèrent être assez heureux pour « mériter par là l'estime du guerrier illustre qu'ils vont « avoir l'honneur de combattre.

« BEAUREPAIRE; RADET, adjudant-général; « LOMBARD ; VERCLY ; MARCEAU-DESGRA- « VIERS, lieutenant-colonel ; MIOREL ; O'BRIEN; « GRIVEL ; BOUSMARD ; TROCHEREAU ; THE- « VENON. »

Les Corps administratifs avaient répondu : « Monsieur, « Nous recevons la communication que vous nous adressez ; « nous vous répondons, en vous déclarant que nos inten- « tions sont pures ; que nous n'avons jamais eu d'autres « guides que la loi ; que nous avons constamment employé

[1] On connaît la réponse du Conseil défensif par son enregistrement au cahier des délibérations de ce Conseil, séance du 31 août ; la réponse des Corps administratifs figure au rapport de Cavaignac, annexe n° 3. Elle serait aussi conservée aux archives du Ministère de la guerre, armée du nord, carton septembre 1792.

« nos efforts pour la faire exécuter ; que dans la jouis-
« sance de la liberté nous n'avons cessé de réprimer la
« licence ; que nous n'avons point violé les personnes, ni
« les propriétés et que nous avons usé de tous les moyens
« pour la faire respecter. Enfin, nous avons fait notre
« devoir.

« Quant à la reddition de la place, la loi ne nous défère
« ni moyens, ni mission et nous interdit toutes réquisitions;
« ce sont les autorités militaires qui en répondent ; elles
« seront dignes de toute votre estime.

« Lambry, administrateur du district ; Caré fils, maire
« de Verdun. »

On décida que ces événements seraient immédiatement portés à la connaissance de l'Assemblée nationale par un courrier. Un volontaire du 1er bataillon de Maine-et-Loire, Desmazières, qui servait d'aide-de-camp à Beaurepaire, s'en chargea et partit de Verdun à midi et demie. Mais le blocus de la place s'était resserré ; il dut rentrer par deux fois différentes et réussit enfin une troisième tentative, grâce à l'appui d'un détachement de 500 hommes qui contint l'ennemi pendant qu'il s'échappait, vainement poursuivi par trois uhlans[1]. On sait[2] que Desmazières fut présenté à l'Assemblée nationale dans la séance du 2 septembre (matin). Le secrétaire Gossuin, après avoir lu à l'Assemblée le texte de la sommation de Brunswick, apporté par Desmazières, s'exprima en ces termes : « Le Conseil défensif
« provisoire de Verdun annonce qu'il joint à sa lettre la
« réponse faite à la sommation du duc de Brunswick. Cette
« lettre ne s'est pas trouvée dans le paquet, mais le courrier
« a dit que la garnison de la ville se conformait à la réso-

[1] Desmazières à son père, 3 septembre 1792. *Affiches d'Angers*, 6 sept. 1792, n° 108. — *Mémoires de Choudieu*, p. 181. — Grille, II, 247.

[2] Séance du 2 septembre 1792 (matin) de l'Assemblée nationale. *Moniteur*, nos 247, 248.

« lution de celle de la citadelle. Le bataillon volontaire de « Mayenne-et-Loire qui la compose a déclaré qu'il périrait « jusqu'au dernier avant de songer à se rendre. (La salle « retentit d'applaudissements) ». Le député Thuriot vient ensuite réclamer des mesures de défense générale. Puis la Commune de Paris fait lire à la barre une proclamation qu'elle vient de rédiger : « Citoyens, l'ennemi est aux portes « de Paris. Verdun qui l'arrête ne peut tenir que huit jours. « Les citoyens qui le défendent ont juré de mourir plutôt « que de se rendre ; c'est vous dire qu'ils nous font un rem- « part de leurs corps. Il est de notre devoir de voler à leur « secours. Citoyens, marchez à l'instant sous nos drapeaux ; « allons nous réunir au Champ de Mars ; qu'une armée « de 60.000 hommes se forme à l'instant. Allons expirer « sous les coups de l'ennemi, ou l'exterminer sous les « nôtres ! » Vergniaud convie le peuple et l'Assemblée aux travaux des fortifications ; il réclame les bêches et les pioches qui ont élevé l'autel de la Fédération et nivelé le Champ de Mars, « ...il n'est plus temps de discourir, il faut piocher « la osse de nos ennemis, ou chaque pas qu'ils font en « avant pioche la nôtre ! (des acclamations universelles se « font entendre dans les tribunes. L'Assemblée se lève tout « entière)... » Le ministre Cambon succède à Vergniaud et dit : « Le courrier de Strasbourg, qui avait été ralenti par « le détour que l'avait forcé de prendre le siège de Verdun, « vient d'arriver. Il a annoncé avoir entendu près de cette « ville une vive canonnade. On lui a dit que c'était l'armée « de M. Dumouriez qui se battait avec les Prussiens. Il a vu « tous les habitants des campagnes en état de porter les « armes courir pour se joindre à l'armée (applaudisse- « ments). Je demande que des courriers extraordinaires « portent dans tout l'empire, le tocsin général qui doit s'y « sonner (applaudissements)... » Enfin, Danton, ministre de la Justice, renchérissant encore, termine la séance par son célèbre discours : « Il est bien satisfaisant, Messieurs, pour

« les ministres du peuple libre d'avoir à lui annoncer que « la patrie va être sauvée. Tout s'émeut, tout s'ébranle, « tout brûle de combattre. Vous savez que Verdun n'est « point encore au pouvoir de nos ennemis. Vous savez que « la garnison a juré d'immoler le premier qui proposerait « de se rendre. Une partie du peuple va se porter aux fron- « tières, une autre va creuser des retranchements et la « troisième, avec des piques, défendra l'intérieur de nos « villes.... Le tocsin qu'on va sonner n'est point un signal « d'alarme, c'est la charge sur les ennemis de la patrie (on « applaudit). Pour les vaincre, Messieurs, il nous faut de « l'audace, encore de l'audace, toujours de l'audace, et la « France est sauvée. (Les applaudissements recom- « mencent.)... »

Comme une petite cause produit souvent de grands effets, la résolution prise dans le modeste Hôtel de Ville de Verdun, par d'obscurs officiers et fonctionnaires, exagérée par l'exaltation du volontaire Desmazières et d'un postillon inconnu, a provoqué une des plus belles séances de l'Assemblée nationale, des discours restés célèbres, le soulèvement de la France [1]. Après la déception de Longwy, Verdun fit renaître l'espérance ; de là date la légende de Beaurepaire. Mais, au moment où elle prenait naissance à Paris, Beaurepaire était mort et Verdun avait capitulé.

Du moins Desmazières était sincère lorsqu'il apportait à Paris, le 2 septembre, les impressions de Verdun, l'avant-veille. Quand il sortait, vers midi, par la porte de France. le parlementaire sortait de son côté par la porte Chaussée, rapportant à Brunswick les fières réponses des autorités

[1] C'est à la suite des discours de Vergniaud, Cambon, Danton, que furent votés, sur la proposition de Lacroix, les deux décrets sur l'obligation de prendre les armes et la nomination de commissaires.

En même temps, commençaient les massacres des prisons. On ne peut donc pas dire qu'ils ont été déterminés par la nouvelle de la reddition de Verdun. C'est cependant une opinion courante.

civiles et militaires de Verdun. Les canons de la place tiraient depuis dix heures du matin, comme pour affirmer ces mâles résolutions et Hompesch, à qui Beaurepaire avait fait remettre pour douze livres de dragées [1], ne pouvait que témoigner de la fermeté et de la galanterie des Français.

Brunswick fut bien embarrassé.

Le blocus de Verdun allait être terminé. Le gros des troupes prussiennes était campé sur les hauteurs entre Bras et Fleury ; Holenhohe occupait la route d'Etain, vers Eix ; Kœhler et Kleist barraient celle de Metz à hauteur de Belrupt et Haudainville ; sur un pont jeté à Charny dans la matinée du 31, Kalekreuth était passé sur la rive gauche de la Meuse et gardait les routes de Varennes et de Paris [2]. Mais, cela fait, Brunswick allait-il immobiliser toutes on armée jusqu'à ce que Verdun cédât à la famine ? Quel retard alors dans sa marche sur Paris et quel danger pour lui si les armées de Dumouriez et de Luckner, qu'il savait sur ses flancs, manœuvraient adroitement contre ces troupes immobiles, dispersées et séparées par la Meuse. Et cependant les principes militaires de Brunswick ne lui offraient pas d'autres solutions que cette immobilité dangereuse, ou la levée du siège pour chercher fortune sur une autre route. Quant à un coup de force sur Verdun, il le jugeait impossible.

Tout le monde, au camp prussien, ne pensait pas comme « le Témoin oculaire » qui a écrit [3] : « ...Verdun, comme forteresse, n'est pas d'une grande importance ; la fortification « en est antique et la citadelle, quoique élevée, pourrait « être foudroyée par le canon posté sur une éminence « voisine, sans que la garnison pût endommager beaucoup « les batteries des assiégeants. Les Français le savent bien ;

[1] Interrogatoire de Neyon par la Commission provisoire de Verdun. Biblioth. de Verdun, mss. 211 (165-168) et 213 (61).

[2] *Mérat*, p. 21. — Chuquet, *La première invasion prussienne*, p. 231. — Pionnier, pp. 146-147.

[3] *Témoin oculaire*, page 78.

« aussi, depuis plus de deux cents ans, n'a-t-on rien fait « pour réparer les fortifications de cette ville. On savait « qu'il était très aisé de la prendre si un ennemi pouvait « s'avancer jusque-là... »

Ces considérations sont justes pour un assiégeant qui disposerait d'un matériel de siège. Brunswick n'en avait pas et même son artillerie de campagne était des plus médiocres. Il est reconnu que l'artillerie prussienne était alors inférieure à la nôtre ; ses officiers, comme ceux du génie, n'avaient aucun prestige. « ... Tous les bons juges qui la « virent de près avant la campagne de 1792 en parlaient « avec mépris. Ses pièces, ses caissons, ses fourgons, « affirme Dampmartin, eussent été réformés par les chefs « des arsenaux de France. Elle n'est, dit Toulongeon, ni « belle, ni savante comme la nôtre. Elle ignore absolument, « écrit le duc de Choiseul, tous les détails relatifs à l'at- « taque comme à la défense des places. On devrait la croire « excellente, rapporte Mirabeau, elle n'est pas même « bonne [1]. »

En vain Brunswick avait amené avec lui le colonel Tempelhof, directeur de l'École d'artillerie récemment créée à Berlin, auteur d'un traité sur la courbe des projectiles lancés par la poudre. La présence de cet officier ne remédiait pas à l'insuffisance du matériel et du personnel. On avait vu, à Longwy, le peu d'efficacité de l'artillerie, on allait en faire une nouvelle expérience. Les Prussiens n'étaient donc pas mieux armés que les Verdunois. Ces derniers se plaignaient amèrement de leur pénurie en canons d'assez fort calibre pour battre les hauteurs sur lesquelles l'ennemi, disaient-ils, allait installer ses batteries et foudroyer la ville. C'est le contraire qui eut lieu. L'artillerie prussienne se trouva trop courte de portée tandis que, de Verdun, les canons de 24 battaient jusqu'aux collines.

[1] Chuquet. *La première invasion prussienne*, p. 102.

Le volontaire Geslin raconte [1] que ses camarades ont « ... du « premier coup de canon renversé un pavillon qui masquait « une batterie ennemie. Ce coup d'essai valait un coup « de maître. Beaurepaire a embrassé ces braves et leur « exemple a encouragé tous nos camarades... » Le roi de Prusse nous dit bien [2] que l'artillerie de la place « pouvait à peine atteindre les hauteurs ». Elle y arrivait cependant puisque Brunswick avait dû, le 30 août « renoncer « à la première idée d'asseoir le camp sur les éminences « qui entourent Verdun (côte Saint-Michel), parce que « la grosse artillerie de la place les foudroyait ». Et le 1er septembre « un boulet de 24 vint labourer la terre « à vingt ou trente pas du roi de Prusse, qui s'était aventuré « sur la crête de Belleville ». Aussi, Brunswick avait établi le camp et installé ses batteries en arrière des crêtes et, à cette distance, « les obusiers seuls portaient jusqu'à la ville ». Les remparts de Verdun, imparfaits quand on les étudiait de près, ne donnaient pas la même impression, vus des hauteurs de Saint-Michel. « Verdun, dit le Prince royal, « est devant nous... ceint de beaux remparts, baignés « par les flots de la Meuse... Le duc ne croit pas à la prompte « reddition de la place. — Nous n'avons pas d'artillerie « de siège. — Verdun est trop bien fortifié pour pouvoir « être enlevé par un coup de main sans une perte immense « d'hommes. — Embarras du duc. »

Si nous comparons maintenant la situation des deux partis et la façon dont chacun envisageait ses chances, comment ne pas déplorer la résolution que prirent le lendemain les Verdunois et ne pas se rappeler le vieux dicton de Montaigne : « A la guerre, si l'host sçavait ce que faict l'aultre, l'host batterait l'aultre ».

[1] Geslin à son père, 31 août 1792. (Grille, II, 226).

[2] *Réminiscences*, pp. 15-20.

Nous avons peu de détails sur ce qui se passa à Verdun dans l'après-midi du 31 août. «... Toute la journée, dit « Cavaignac [1], la place fit un feu très violent avec son artil- « lerie. L'ennemi, qui ne pouvait pas en être incommodé, « ne daigna pas y répondre... » — « ... Après le départ du « parlementaire, le reste de la journée du 31, dit Mondon, « se passa assez tranquillement. Seulement de temps en « temps on entendait quelques coups de canon tirés des « remparts sur des groupes de Prussiens en plus ou moins « grand nombre que l'on apercevait, épars dans la cam- « pagne. On n'apprit pas qu'ils eussent produit quelque « effet... » Nous avons vu les sentiments que Desmazières prêtait alors à la garnison de Verdun : « ... On « était joyeux, dit-il [2], et très décidé à se battre. On avait « compté sur 6.000 hommes qui ont été coupés. Mais, lors « de mon départ, on attendait l'arrivée de Dumouriez « et de Kellermann, c'est pourquoi l'on ne doit pas s'in- « quiéter si fort à Angers. J'espère que nos camarades « auront eu des secours... Notre bataillon était décidé « à mourir... S'il a pu tenir, comme il y était disposé, il « fera à jamais la gloire de la France entière... »

Au camp prussien, l'après-midi se passa à étudier et préparer l'emplacement de batteries destinées à bombarder la place. On choisit trois endroits : l'un sur le sommet de la côte Saint-Michel ; le second aux vignes dites de la Charmois, à hauteur du saillant de la porte Saint-Victor ; le troisième sur la côte Saint-Barthélemy, en face la porte de secours de la citadelle. Ces deux dernières batteries étaient les plus rapprochées de la ville et de la citadelle ; la première ne pouvait atteindre que le faubourg Pavé [3].

[1] *Rapport de Cavaignac*, p. 11.

[2] Desmazières à son père. Paris, 3 sept. 1792. *Affiches d'Angers*, 6 sept. 1792, n° 108. Grille, II, 247.

[3] Vistot, Dommartin, Chuquet et Pionnier ne donnent pas tout à fait les mêmes emplacements. Nous avons suivi les indications de

L'artillerie, qui tirait au moindre mouvement de l'ennemi, retardait les préparatifs. On attendit la nuit[1] «... Vers le « soir, rassemblement des travailleurs nécessaires sous « l'escorte d'un bataillon de grenadiers... Dès que la nuit « commence à tomber, les hommes commandés partent « au milieu d'un silence solennel, franchissent les vignobles « et se rendent à la place destinée à l'établissement des « batteries d'attaque... » Même sous la protection des ténèbres, les travailleurs furent troublés « par une forte « fusillade qui dure plusieurs minutes, éclairant tout l'ho« rizon du côté de Verdun ». C'était la garnison qui ouvrait le feu de toutes parts et sans autre motif d'alarme que l'apparition d'une patrouille de chasseurs, venant de Belleville, et qui s'était un peu trop approchée des ouvrages de la place [2]. De ces faits on peut déduire la prudence à laquelle se croyaient tenus les Prussiens, le respect qu'ils avaient de Verdun et la nervosité des Verdunois qui veillaient aux remparts.

Le bombardement commença vers 10 heures du soir, d'après Mondon; à 11 heures, selon Neyon, le Mémorial d'Etain et le rapport de Cavaignac ; après minuit, dit le prince royal de Prusse. On n'est pas d'accord sur ses effets, ni sa durée.

Les témoignages allemands sont à peu près unanimes.

« ... Le bombardement , dit le prince royal de Prusse [3], « commença après minuit. Il est également ouvert par le « corps du général Kalekreuth, campé au-delà de la Meuse, « aux vignobles proche Glorieux. — ... Notre feu ne fait

Mondon et du prince royal de Prusse, qui nous paraissent concorder avec les résultats du bombardement.

[1] *Réminiscences*, p. 18.

[2] *Id.*

[3] *Réminiscences*, p. 19. Le prince parle de la batterie Saint-Michel, où il était.

« pas grand effet; aussi est-il arrêté... — Arrivée du roi « à la batterie, environ une heure avant le jour. — Le « feu recommence. Verdun s'enflamme en plusieurs endroits; « la batterie sise au-delà de la Meuse, étant plus rap- « prochée de la citadelle que nous de la ville, peut agir avec « plus d'efficacité. Nos mortiers de dix pouces n'atteignent « pas ; les obusiers seuls portent sur la ville et font quelques « ravages... » — « ... Quelques grenades tombant dans « la ville, dit le Témoin oculaire [1], y portèrent l'incendie. « Ce prince humain (Brunswick), qui ne voulait pas la « détruire, fit cesser le feu de temps en temps afin de donner « le loisir aux assiégés de prendre des mesures pour la « reddition... ». On fit jouer les obusiers, rapporte le prince de Nassau-Siegen [2], « et, quoique nous fissions infini- « ment peu de dégâts dans la place, elle se rendit comme « avait fait Longwy ».

Gœthe n'a vu le bombardement qu'en poète, par un beau clair de lune [3].

Les témoins français nous ont laissé des appréciations moins concordantes.

« L'emplacement des mortiers, des obus et des pots à « feu sur les hauteurs rendait leur effet terrible et certain, « dit Cavaignac [4]. Chaque coup portait ; chaque éclat de « bombe allait incendier une maison... Déjà, quatre « maisons étaient réduites en cendres; quatre-vingts autres « étaient terriblement endommagées et l'ennemi paraissait « décidé à tout embraser... » — « ... Jusqu'à minuit, « écrit Mondon, dans sa Notice, les feux ne furent pas très

[1] *Témoin oculaire*, p.78

[2] Extrait des *Mémoires de Nassau-Siegen*, publié par Feuillet de Conches dans *Louis XVI, Marie-Antoinette et Madame Elisabeth*, VI, 342. Cité par Chuquet, *La première invasion prussienne*, p. 236, note.

[3] Gœthe, *Campagne de France*, p. 36.

[4] *Rapport de Cavaignac*, p. 11.

« bien nourris, peu de projectiles parvenaient en ville, « mais le nombre et leur portée furent plus grands jusque « vers cinq heures du matin qu'ils cessèrent entièrement. « Deux maisons furent incendiées, plusieurs reçurent plus « ou moins de dommages... » — « ... A onze heures du « soir, selon le Mémorial d'Etain [1], les canons et mortiers « font un vacarme horrible et continuent jusque vers « les sept heures du matin... » — «... A onze heures du « soir, écrit Neyon [2], le bombardement commença. Ce « genre d'attaque rendait inutiles tous les efforts de la place « tandis que le feu de l'ennemi faisait tout l'effet qu'il « pouvait en attendre... » D'après une lettre écrite de Verdun, le 9 septembre 1792, et citée par M. Pionnier [3], il n'y aurait eu qu'une seule maison brûlée. Cette déclaration se rapproche de celles de Mondon et du capitaine du génie Prille [4] qui parlent de deux maisons brûlées : l'une dans la ville, l'autre au faubourg Pavé. « ... Le bombardement « n'avait duré que douze heures et n'avait aucunement ruiné « nos ouvrages qui étaient demeurés intacts, dit Le- « moine [5]. » Selon le rapport des commissaires envoyés, le 4 septembre 1792, de Bar-le-Duc à Verdun, « cette ville « est dans un état effrayant ; dépavée et brûlée dans plu- « sieurs endroits, elle offre le spectacle des désordres affreux « de la guerre... Cette triste et désolante image... est un « affreux spectacle pour les ennemis eux-mêmes... [6] » Enfin, dans l'interrogatoire, le 14 octobre 1792, du maire

[1] Biblioth. de Verdun, mss. 211.

[2] *Moyen de défenses de Neyon.*

[3] Pionnier, p. 161.

[4] *Mémoire de Prille*, 30 fructidor an VI (16 sept. 1798). Arch. du Ministère de la guerre.

[5] *Rapport de Lemoine au roi*, 15 janvier 1835.

[6] Lettres de Ternaux et Gossin à leurs collègues de Bar-le-Duc, Verdun, 4 et 5 (ou 6) sept. 1792. Biblioth. de Verdun. Mss. *Verdun-Révolution*, II, 42, 45.

de Verdun, Caré fils, par les commissaires Carra, Sillery et Prieur, nous lisons[1] : ... « Requis de déclarer combien « le siège avait duré ? — Répondu que le 30 août la place « a été totalement investie et qu'elle s'est rendue le 2 sep- « tembre suivant après avoir été bombardée douze heures « consécutives.— Requis de déclarer combien de bâtiments « ont été incendiés par le feu de l'ennemi ? — Répondu, « une maison dans la ville, trois au faubourg du Pavé, et « environ quarante maisons où le feu s'est manifesté... »

Les différents auteurs qui ont traité le sujet ont interprété ces témoignages contradictoires suivant les besoins de leurs thèses. Grille, entre autres, a présenté les faits d'une façon dramatique.

Quant aux victimes faites par le bombardement, il y a unanimité. Un seul individu, Gillon, président du tribunal de Saint-Mihiel et venu comme volontaire à Verdun, fut atteint d'un éclat d'obus à la jambe et mourut de cette blessure le 5 ou le 6 septembre suivant. C'est le seul français qui ait perdu la vie pendant tout le cours du siège.

De quelque façon qu'on interprète ces documents, on conviendra que le bombardement n'avait pas causé de grands dommages à Verdun, ni aux personnes, ni aux choses. Cependant tout change de face à partir de ce moment et les événements vont se précipiter, de plus en plus déconcertants, jusqu'au drame mystérieux de la mort de Beaurepaire.

Les autorités civiles de Verdun ont certifié à Cavaignac que pendant la durée du bombardement « il n'y eut pas « un seul citoyen qui ait quitté son poste ; pas un seul qui « ait paru même défiant sur les moyens de défense[2]. » Ces mêmes autorités, dans un Mémoire justificatif[3], assurent

[1] Mss. *Verdun-Révolution*, II, 68.

[2] *Rapport de Cavaignac*, p. 12.

[3] Archives du ministère de la guerre, carton septembre 1792. Cité par Pionnier, p. 162.

que Beaurepaire aurait félicité le maire et l'administration du district : « J'ai fait ma ronde pendant le feu le plus vif, « aurait-il dit, et n'ai vu personne s'émouvoir. »

Peut-être qu'aux remparts on faisait son devoir, mais l'émeute grondait en ville et, si elle éclate tout d'un coup, c'est qu'elle couvait depuis longtemps.

Beaurepaire l'avait prévue.

Dans la première délibération du Conseil défensif, le 29 août, il avait fait adopter cet article : « Aucun pétitionnaire ne pourra troubler les fonctions des Corps « administratifs sous peine de mort [1]. » Et dans la seconde réunion, le 30 août, huit heures du matin, fut pris un arrêté encore plus suggestif [2] : « Le Conseil, instruit que le public « paraît vouloir attenter à la violation du droit des citoyens en forçant leurs habitations par des voies de fait, « et considérant qu'il importe essentiellement au salut « de la patrie de conserver l'union, la force et l'harmonie « qui doivent en ce moment servir de base à tous les bons « citoyens actuellement dans la place, arrête que toutes « les personnes, sans exception, qui seront convaincues « d'avoir voulu attenter aux propriétés de leurs concitoyens, « pour quelque cause que ce soit, et notamment les chefs « de complot, seront jugés par le Conseil de guerre et punis « de la peine de mort, conformément à la loi, le Conseil « se réservant le droit de sévir contre ceux qui, par leur « conduite, seraient convaincus légalement de ne plus se « prêter, ou de s'opposer aux ordres qui pourraient émaner du dit Conseil pour le service de la place. »

On ne peut assimiler ces deux textes aux formules préventives qu'il est d'usage d'inscrire dans beaucoup d'actes officiels. Ils s'appliquent évidemment à la situation

[1] Cahier d'enregistrement des délibérations du Conseil défensif. Séance du 29 août 1792.

[2] *Id.* Séance du 30 août 1792, 8 heures du matin.

particulière de Verdun, dès le 29 août, et visent deux catégories de personnes : des malfaiteurs prêts au pillage sous le couvert des désordres de la guerre et des citoyens qui ne voulaient pas suivre le Conseil défensif dans la voie de la résistance. A la première appartenaient ces gens dont parle Lombard, secrétaire du roi de Prusse. « ... Il logea « à Verdun chez un gentilhomme dont la populace aurait « pillé l'hôtel sans l'entrée des Prussiens ; la veille de la « reddition, les Jacobins avaient marqué la porte des mo- « narchistes à la craie rouge. » Ces mêmes individus reparurent quand les Français reprirent Verdun, le 13 octobre suivant, et, comme on annonçait des représailles contre les traîtres du 2 septembre, ils s'étaient munis de sacs pour emporter leur butin [1]. Quant à la seconde catégorie, on verra combien d'habitants s'y classaient, et la prévoyance du Conseil défensif était parfaitement justifiée.

A notre avis, ces deux textes sont les seuls documents qui, dans toute cette affaire, émanent d'autorités impartiales.

Nous devons rappeler ici que des mains inconnues ont fait disparaître les pièces officielles qui nous seraient si utiles aujourd'hui.

Vers la fin de septembre ou les premiers jours d'octobre 1792 (aucun témoin n'a pu ou voulu préciser les jours), alors que les Prussiens occupaient Verdun, mais quand tout espoir d'une restauration monarchique par les armes alliées était perdu, deux personnages se présentèrent au secrétariat de la mairie de Verdun. C'étaient un nommé Rey, se disant commissaire des guerres de l'armée prussienne, et un nommé Brissac ou Bressac. Ils se firent livrer, entre autres pièces d'archives : les registres des délibérations de la municipalité depuis le début de l'année 1790, toutes les lettres de correspondance depuis 1789, tous les registres concernant la garde nationale et quantité de minutes

[1] Lettres de Lombard, 303 (cité par Chuquet, *La première invasion prussienne*, 237). — Note de M. J. sur sa copie de la *Notice* de Mondon.

des délibérations. Quelques jours après, on enleva de même une partie des archives du district. Un nommé Benoist transporta ces papiers au faubourg de Regret, chez le sieur Tabouillot, ancien procureur du roi, et chez la mère de Tabouillot où logeait un certain Breteuil « se disant baron et ministre du roi auprès des princes ». Un jour le sieur Benoist, assisté d'un nommé Moulinet, vint les reprendre et Tabouillot a déclaré qu'il « ignore absolument ce qu'ils en ont fait ». Il paraît qu'on les aurait voiturés aux fours de la manutention pour y être brûlés. Mais l'adjudant de place Brunelly, requis pour cette opération, s'en serait déchargé sur deux gendarmes de rencontre, et ces gendarmes, à leur tour, se seraient dérobés sous prétexte qu'ils n'avaient pas d'ordres à recevoir de Brunelly. En définitive, chaque témoin paraît s'être efforcé d'embrouiller cette affaire ; personne ne reconnaît avoir assisté au « brûlement des papiers » ; l'enquête faite sur les lieux, trois semaines après les événements, n'a pas abouti et on peut se demander si toutes ces archives ont été vraiment détruites [1].

[1] Consulter : Un billet de Tabouillot, 12 oct. 1794. Arch. nat. W. 2, dossier 3 *bis*, 46. — Interrogatoire, le 14 octobre 1792 du maire Caré par les commissaires de la Convention. Arch. nat. C. II, 211. Copie Biblioth. de Verdun, mss. *Verdun-Révol*, 68. — Procès-verbal d'inventaire des archives du secrétariat de la mairie de Verdun, 5 nov. 1792. Arch. communales de Verdun, D ; copie Biblioth. de Verdun, *Verdun-Rév.*, II, 215. — Interrogatoires (25-28 octobre 1792) par la commission municipale provisoire de Verdun des témoins de l'enlèvement des papiers. Arch. nat. W 1 *bis*, 352, 718 ; copie Biblioth. de Verdun, mss. *Verdun-Révolution*, II, 69 et seq., et mss. 211, 17-23. — *Requête à la Convention nationale par le citoyen Brunelly*, citée plus haut. — Dufour, p. 113, note. — Vistot, *Mémoire*, mss. — Chuquet, *La première invasion prussienne*, p. 258. — Pionnier, pp. 270-272. — *Mémoire du citoyen Brunelly, adjudant-major de la place de Verdun* (sans date), avec attestation favorable du commissaire Carra. Arch. nat., W. 2, dossier 3, 42.

Mondon, dont le père a été témoin de cette affaire, n'en parle pas dans sa notice, mais il envisage la disparition de pièces concernant Beaurepaire et en rend les autorités militaires responsables.

Mais, brûlés ou non, ces précieux témoignages du passé ont disparu. Le cahier d'enregistrement des délibérations du Conseil défensif pouvait avoir le même sort si le lieutenant-colonel de Neyon ne l'avait emporté avec lui quand il quitta Verdun après la capitulation[1] et, sans cette circonstance, il ne resterait aucun fil conducteur pour nous guider dans ce dédale.

Pour apprécier l'attitude des autorités civiles et des habitants de Verdun dans la reddition de cette place, il ne reste donc, à part les deux textes cités plus haut, que des pétitions, des mémoires, des souvenirs et un gros dossier de procédure. Les députés de la Convention, Cavaignac, Carra, Sillery, Prieur, Bô, Mallarmé, Pons, Drouet, etc., envoyés à Verdun et dans le département pour enquêter sur les faits qui s'y étaient déroulés, ont procédé eux-mêmes et fait procéder à de nombreux interrogatoires. Sur des centaines de personnes incriminées, quarante-sept furent retenues d'accusation et livrées aux tribunaux criminels révolutionnaires de Paris ou de la Meuse[2]. C'est à de telles sources qu'on est réduit à puiser pour écrire cette histoire, et elles sont empoisonnées par les intérêts personnels, les passions politiques et les haines féroces qui dressaient alors les citoyens les uns contre les autres.

Nous allons essayer de présenter les faits dans leur juste proportion.

La population fut vivement impressionnée par le bombardement : « ... Les habitants , dit Mondon, furent « effrayés, soit parce qu'ils n'avaient pas ouï-dire que dans « la guerre précédente un siège eût commencé par un « bombardement au lieu d'être la dernière ressource des

[1] Il l'a rapporté à Verdun le 26 oct. 1792, suivant récépissé. Arch. nat. W. 1 *bis*, 352, 718 ; copie Biblioth. de Verdun, mss. 213, 60.

[2] Trente-cinq à Paris et douze à Verdun. Trente-trois furent exécutées à Paris et cinq à Verdun, le même jour, 6 floréal an II (25 avril 1794).

« assiégeants, soit parce que la ville, avant sa réunion à la « France, dans le XVIe siècle, n'ayant subi aucune attaque « de ce genre, non plus que depuis sa réunion, les habitants « n'avaient aucune prescience des désordres d'un bombar- « dement... »

Comme on voyait partout des traîtres, on accusait les aristocrates et le clergé de la ville haute d'avoir coupé des branches dans les arbres des remparts, en face la poudrière, pour fournir des points de repère aux canonniers ennemis [1]. Et, dans la nuit du bombardement, comme ces mêmes aristocrates sortaient avec des lanternes pour éclairer les travailleurs qui combattaient les incendies, on cria qu'ils illuminaient leurs maisons pour diriger les coups de l'ennemi [2].

« Sitôt les feux cessés, des femmes coururent les rues de « la ville. Elles demandaient qu'on se rendît et prononçaient ces mots avec toute l'extension qu'elles pou- « vaient donner à leur voix... [3] — « ... Les habitants « injuriaient le commandant de la place pour le forcer à « capituler... La population jurait, criait en tirant la « sonnette des paisibles rentiers, les forçant à sortir « de chez eux sans qu'ils sachent pourquoi. Dans un ins- « tant, la première classe de la société se trouva malgré « elle au milieu de cette bande de forcenés qui demandaient « à grands cris la reddition de la place [4]... » — « ... Le « mécontentement se manifesta promptement parmi la « population et les gardes nationales abandonnèrent en « partie les postes qu'on leur avait confiés ; des groupes

[1] Grille, II, 293.

[2] Mérat, p. 46 et annexe I.

[3] Dufour, p. 105.

[4] Cuvillier-Fleury. *Portraits politiques et révolutionnaires*, citation tirée du *Mémoire de Barbe Henry*, p. 200 ; reproduit par Pionnier, p. 220.

« se formèrent dans les rues et sur les places, des cris séditieux se firent entendre de toutes parts [1]... » — « ... Les « partisans de la contre-révolution, qui avaient leurs « chefs jusque dans le conseil de défense, commencèrent à « parcourir la ville. Ils formèrent un rassemblement et se « portèrent à la mairie où demeurait Beaurepaire, criant « qu'il fallait se rendre... [2] »

Cette effervescence a provoqué le premier rassemblement dont parle Cavaignac en ces termes [3] : « ... Le feu de l'en« nemi continuait et augmentait ses ravages. Plusieurs ha« bitants se portèrent à l'hôtel de la commune et sollici« tèrent le Conseil général et le district d'obtenir de « Brunswick qu'il leur fît la guerre d'une manière plus « conforme au droit des gens... Ces deux corps se rendirent « auprès du Conseil défensif pour y solliciter l'arrêté « suivant : « Sur la proposition faite par les corps admi« nistratifs, le Conseil arrête que la municipalité est libre « d'envoyer à M. de Brunswick un message pour lui « demander une manière de faire la guerre moins désas« treuse pour les citoyens. » Ce récit est confirmé par la notice de Mondon : « ... Douze ou quinze habitants no« tables se rendirent au Conseil vers neuf heures du matin. « Ils avaient à leur tête M. Périn, marchand droguiste, « premier maire élu en 1790. Ils ne sollicitaient point la « reddition de la place, mais que le général prussien fût « invité à l'attaquer par des moyens moins désastreux. « Ils ne demandèrent rien de plus. Le Conseil ne jugea « pas leur démarche attentatoire à ses droits et à la liberté « de défendre la place par les moyens qu'il jugerait les plus « expédients. Aussi prit-il la délibération dont voici les

[1] *Mémoire de Lemoine au roi*, 15 janvier 1835.

[2] Vistot. Mémoire mss. Vistot place cette démonstration dans l'après-midi, après l'arrivée du second parlementaire. Elle a eu lieu le matin.

[3] *Rapport de Cavaignac*, pp. 13 et 14.

« expressions textuelles. Sur la proposition, etc... » (suit le texte cité plus haut).

Quand ces « notables » sortirent de l'Hôtel de Ville, vers 10 heures du matin, ils trouvèrent les rues pleines de groupes tumultueux, principalement dans les rues Neuve, Mazel et des Rouyers. L'émeute avait grandi, des meneurs sollicitaient les habitants de demander la reddition de la place [1]. On vit Ribière, marchand, et Périn, qui « faisaient « une espèce d'appel » et, « à la tête d'un grand nombre de citoyens », les engageaient à se rendre à la mairie [2]. « Viard, procureur de la commune, rassemblant six cents « personnes, se transporta à leur tête à la municipalité « et, disent les volontaires de Maine-et-Loire, sur notre « résolution de nous défendre et de mourir glorieusement « en servant la cause de la liberté, nous menaça de faire « égorger la garnison si elle tirait un seul coup de fusil... « Les deux commandants de la garde nationale de Verdun « escortaient Viard dans l'émeute qu'il avait provo- « quée [3]... » — « ... Réduisez, répond dom Ybert [4], « ces six cents hommes à quarante personnes non armées « qui se dispersèrent à la voix du maire et vous aurez une « juste idée de cette résistance terrible, de ce rassemble-

[1] On trouve aux Arch. nat., W. 352, 718, I et II, et W. 2, dossier 3, 2 à 27, 42, 43, 72 à 74 les résultats de l'enquête de la Commission municipale provisoire de Verdun, de l'enquête de Nicolas Leblan, président du tribunal de Saint-Mihiel, et divers mémoires justificatifs.

Des copies par extraits de ces documents se trouvent à la bibliothèque de Verdun, mss. 211 et 213.

Les témoins qui déposent sur l'émeute du 1er sept. sont : Nicolas Cloutier, Simon Payerne, Antoine Vinaty, Jean-Baptiste Fort, François-J. Sibillon, Nicolas Guillet, Pierre Alis, J.-B. Lambert, Guénaux fils, Jean Duchesne, Viard, Delorme. Pionnier (pp. 170-173), a reproduit les dépositions les plus caractéristiques.

[2] Dépositions de Cloutier, Payerne et Vinaty.

[3] *Discours de Delâage* à la Convention nationale, 28 octobre 1792.

[4] *Pétition d'Ybert*, 11, novembre 1792, p. 10.

« ment imposant qui glaça d'effroi le bataillon de Mayenne-« et-Loire... » — « ... Il résulte, dit Cavaignac [1], des « informations prises par les commissaires municipaux « provisoires... qu'il se fit le même jour un autre rassem-« blement considérable d'habitants, excité par quelques « mauvais citoyens dont les chefs étaient Rebière et « Perrin, droguiste ; que cet attroupement se porta à « l'Hôtel de la commune, mais que les porteurs de parole « ne se trouvèrent environnés que de cinquante à soixante « personnes et que le reste, que la curiosité sans doute « y avait conduits, s'étaient retirés. Il paraît que la muni-« cipalité et le district n'eurent égard qu'à la première « demande... » — « ... Il a été dit, rapporte Mondon, « que des groupes avaient parcouru la ville, demandant « que l'on capitulât sans délai. Un mémoire manuscrit « qui vient d'être apporté chez moi, je ne sais par qui, « aujourd'hui 15 janvier 1842, répète la même inculpa-« tion... Il n'y eut rien, j'ose l'affirmer, rien de semblable « dans la démarche des habitants. Ils craignaient la des-« truction de leurs maisons, on ne peut en douter, mais ils « ne redoutaient pas de se battre corps à corps et de dé-« fendre les remparts de la ville, quoiqu'ils fussent en « mauvais état et ne présentassent pas de sécurité... Non, « il ne fut jamais vrai que les habitants eussent témoigné « la volonté de faire au Conseil la loi de capituler. De faux « renseignements ont induit en erreur ceux qui en ont « parlé dans leurs rapports ou dans leurs écrits [2]... » — « ... Les femmes (de la ville), rassemblées à la porte de la « mairie, suppliaient les membres du Conseil d'avoir « pitié d'elles et de ne pas achever la ruine du pays et

[1] *Rapport de Cavaignac*, pp. 13-14.

[2] *Notice* inédite de Mondon. La phrase relative au mémoire manuscrit apporté le 15 janvier 1842 vise le mémoire de Vistot. Mondon a ajouté cette phrase en note sur le texte de sa notice.

« des propriétés particulières [1] ». Dans la cour de l'Hôtel de Ville, « quarante à cinquante personnes parlaient avec « feu de la reddition de la place [2] ». — Périn et Ribière avaient des arguments proportionnés à l'intelligence de la populace qu'ils excitaient. « Il vaut mieux, disait Périn, « se rendre comme des lâches que de se laisser griller « comme des cochons... Il fallait absolument rendre la « place, que sans cela les propriétés des citoyens seraient « détruites et brûlées... [3] » — « ... Puisqu'on ne reçoit « aucun secours, disait Ribière, et la place n'étant plus « tenable..., qu'on était sur le point d'être brûlé cette « nuit, il vaudrait mieux se rendre... [4] » — On vit Fanard-Dauphin, Périn, Marchal, procureur-syndic du district, Sauvage le jeune, administrateur du district, Thirion, président du tribunal, Viard procureur de la commune, pénétrer dans la salle du Conseil et, au nom du peuple de la commune de Verdun, engager le Conseil défensif à rendre la place parce que sans cela on risquait de voir les propriétés ruinées et dévastées. Périn revint par deux fois « pour déterminer la faiblesse et la lenteur de plusieurs « citoyens qui répugnaient d'abord à suivre l'avis qu'il « leur dictait. » — Il se trouvait, a-t-il dit, avec la généralité des citoyens... et a témoigné ses alarmes conjointement avec tous ses voisins. » — « Sauvage était particulièrement excité ; il avait, suivant plusieurs témoins, « l'écume à la bouche, l'air furieux, criant qu'il n'entendait pas qu'on laissât plus longtemps déchirer les pro- « priétés... [5] »

[1] Mérat, p. 48.

[2] Déposition de Pierre Alis.

[3] Dépositions de Duchesne, d'Alis et de Guillet.

[4] Déposition de Viard.

[5] Dépositions de Lambert, de Sibillon, de Périn, de deux sergents de ville, de Viard, de Fort. Pionnier, p. 172.

Les dernières dépositions se rapportent peut-être à la démarche des

Vers midi, sur les exhortations du maire, les manifestants se seraient dispersés et le calme serait revenu. Tels sont les faits ; reste à savoir dans quelle mesure ils ont influencé Beaurepaire et le Conseil défensif.

« L'état de fermentation » des citoyens est un des arguments que le Conseil invoquera le lendemain pour justifier la capitulation [1]. Neyon dira un jour qu'il n'a pas été influencé par les citoyens de la ville, qu'il a seulement entendu, dans la chambre voisine de celle où il était, se plaindre que le feu dévastait les propriétés, mais que ses occupations l'empêchaient souvent d'être présent aux délibérations. Un autre jour, il prétendra que la réunion qui eut lieu contre le Conseil défensif est la seconde raison qui a forcé à la reddition de la place [2]. Quand les corps administratifs voudront se justifier, ils diront que « tous leurs « concitoyens ont émis leurs vœux sur la reddition de la « place [3] ». Tous les témoignages contemporains en ont fait la cause déterminante de la capitulation. En résumé, on ne peut nier l'importance des manifestations du 1er septembre, mais on ne peut préciser l'attitude des autorités civiles et militaires.

On admet généralement qu'elles ont siégé en permanence pendant toute cette journée. Cavaignac dit [4] que le Conseil défensif entendit dès le matin un second rapport de Bous-

« notables », vers 9 heures du matin, et non au rassemblement populaire qui suivit.

1 Cahier d'enregistrement des délibérations du Conseil défensif, séance du 2 septembre.

2 Interrogatoire de Neyon par la Commission municipale provisoire de Verdun (3 novembre 1792). — Lettre du même (13 janvier 1794), au président du Tribunal criminel du département de la Meuse. Arch, nat. W. 352, 718. — Biblioth. de Verdun, mss. 211, 165-168, et 213, 61-63.

3 *Rapport de Cavaignac*, annexe n° 6.

4 *Rapport de Cavaignac*, pp. 12-13.

mard et de Vercly sur l'état de la place après le bombardement. Il prête à ce rapport les mêmes conclusions, qui furent présentées, le lendemain, pour justifier la capitulation ; c'est une hypothèse où Cavaignac a été conduit par le manque de documents. Il en convient lui-même. Il ajoute, et Vistot, Mérat et Grille [1] ont répété après lui que le Conseil, indécis sur le parti à prendre, se décidait, après de longs débats, à demander une trêve de quelques jours. On espérait pendant ce temps recevoir les secours de Dumouriez et de Kellermann. Le maire, au contraire, aurait alors proposé « de faire une sortie de la totalité des habitants et de la « garnison. Il offrait de se mettre à leur tête et d'aller « enlever les batteries de l'ennemi, ou de mourir en com- « battant [2] ». — « Ah ! dit Beaurepaire, voilà un patriote « et un brave. Mais il n'est pas temps, rien n'est désespéré. « Réservons ce moyen pour un cas extrême. Oui, nous sor- « tirons tous et pour mourir, si l'ennemi fait brèche et « force nos murailles [3]... ».

Mondon « certifie sur son honneur qu'aucune de ces deux « propositions n'a été faite ». Cavaignac dit que la proposition du maire fut rejetée par le Conseil. Le maire Caré affirme aux Commissaires qui l'interrogent, le 14 octobre 1792, qu'il a fait sa proposition et que le Conseil défensif l'a repoussée [4]. Neyon n'a jamais entendu parler de cette affaire [5]. Le procureur de la commune, Viard, a disputé au maire l'initiative de ce beau mouvement, en disant

[1] Vistot, *Mémoire* inédit. chap. X. — Mérat, p. 47. — Grille, II, 279.

[2] *Rapport de Cavaignac*, p. 13.

[3] Grille, II, 279.

[4] Interrogatoire de Caré par les commissaires Carra, Sillery et Prieur. Biblioth. de Verdun. Mss. Verdun-Révolution, II, 68. Copie des arch. nat. C. II, 211.

[5] Interrogatoire du 3 nov. 1792.

qu'il avait cherché à détourner l'émeute en engageant les citoyens à faire une sortie contre l'ennemi, « qu'on distin-« guait à deux ou trois cents toises, et qu'il valait mieux « aller chercher une mort glorieuse que de se laisser brûler « chez soi [1] ».

On voit combien ces faits sont discutés. Il en est de même de l'attitude de Beaurepaire.

Il n'est pas croyable qu'il soit resté toute la matinée en permanence dans la salle du Conseil. C'était son devoir d'agir, de se montrer, de payer de sa personne ; c'était aussi son caractère, et la tradition n'a pas manqué de lui prêter ce rôle.

On trouve aux archives de la Mairie d'Angers [2] une note sans signature, datée du 3 décembre 1836, et vraisemblablement provoquée par les discussions que soulevait alors le projet d'érection d'une statue en l'honneur de Beaurepaire. On y lit que : « ... le 1er septembre, le commandant « (de Verdun) assailli par les clameurs des habitants et « des autorités de la ville, qui voulaient rendre la place à « discrétion, chercha à stimuler le zèle de la garnison... » — « ...Beaurepaire, Lemoine et tous les capitaines des volon-« taires montèrent à cheval et dissipèrent, partout où ils « purent, les attroupements, firent taire les clabaudeurs « et arrêter les plus mutins. Mais pendant qu'ils étaient « sur ce point, la contre-révolution était sur l'autre. « Elle distribuait de l'or, elle semait des promesses et les « dames, ses agents fidèles, semonçaient leurs maris « pour les détacher des remparts [3]... »

Mais tout cela n'est qu'hypothèses, car on ne possède actuellement aucun document authentique et le cahier d'enregistrement des délibérations du Conseil, ce cahier

[1] Déposition de Viard, citée plus haut.

[2] Dossier Beaurepaire, R 2.

[3] Grille, II, 281.

qui nous a servi de guide jusqu'ici, doit, à notre avis, cesser de faire foi pour la journée du 1er septembre.

Il porte ce jour-là deux enregistrements :

Le premier est l'autorisation accordée aux autorités civiles de correspondre avec Brunswick. Nous avons vu comment cette concession fut arrachée au Conseil défensif, dans la matinée du 1er septembre, par la population de Verdun. Il est rédigé sous la forme suivante [1] :

« Du premier septembre 1792.

« Sur la proposition faite par les corps administratifs, « le Conseil a arrêté que la municipalité est libre d'envoyer « à M. de Bronswik, un message, pour lui demander « une manière de faire la guerre moins désastreuse pour « les citoyens.

« Beaurepaire commdt ; Lombard ; V. Gorcy ;
« Pichon ; Miorel ; Vercly ; Poussivet ;
« C.-F. Martin, le jeune ; Thevenon ;
« Radet, adjudant-général. »

Le second enregistrement, dont nous parlerons bientôt, est l'acceptation implicite d'une suspension d'armes proposée par Brunswick. Il ne porte aucune signature et se présente sous la forme suivante [2] :

« Du 1er septembre 1792, à heures du soir.

« Le commandant de la place de Verdun aura l'honneur « de faire parvenir demain à Monsieur le duc de Brunswic, « avant l'expiration de 24 heures, la réponse définitive « aux conditions qui lui sont proposées ; mais il a l'honneur

[1] Cahier d'enregistrement des délibérations du Conseil défensif.
[2] *Id.*

« d'observer que deux corps de troupes de la garnison y « sont entrés chacun avec deux pièces de campagne, « faisant partie de leur armement et qu'ils espèrent « qu'on voudra bien leur accorder comme une des condi- « tions intégrantes de la capitulation proposée.

« *Le commandant militaire de Verdun,*

« Signé [1]

Ces deux enregistrements sont d'une même main, mais cette main n'est pas celle de Mondon fils, secrétaire attitré du Conseil.

Cette particularité n'a encore été étudiée par personne et nous n'aurions pas été plus avisé que nos devanciers si notre attention n'avait été attirée par un aveu de Mondon, dans sa Notice. Car l'inconnu qui a écrit les deux enregistrements du 1er septembre avait une écriture ressemblant assez à celle de Mondon pour que le cahier entier, à première vue, semble être de la même main. Cependant, la main qui a tenu la plume, le 1er septembre, n'est pas aussi légère ni experte que celle de Mondon, les ratures sont fréquentes. Dans l'écriture de Mondon les *t* finaux sont à peine formés, les *d* initiaux peu nets, les *n* finaux se terminent par un trait droit ; le scribe inconnu fait ses *t* finaux très nets ou en forme de *d*, ses *d* initiaux sont nets, ses *n* finaux se terminent par un crochet très accentué remontant ou baissant. Le scribe a toujours mis (sauf deux fois) *L* pour *l* dans le texte, ses *M* majuscules sont arrondis dans le haut et à trois jambages, il écrit Brunswick avec un *w*, il met le mot septembre en toutes lettres ; Mondon n'emploie pas *L* pour *l* dans le texte, son *M* ma-

[1] Le mot signé a été surchargé par des ratures qui permettent cependant de le déchiffrer.

M. Pionnier a donné (pp.180 et 190) des reproductions photographiques de ces deux pièces capitales.

juscule est à deux jambages pointus dans le haut, il écrit Brunswick avec un *v*, et il date *2* 7bre. On remarquera enfin la forme particulière des *q* qu'on retrouve trois fois dans les quelques lignes du scribe et que Mondon n'emploie jamais. On pourrait relever encore d'autres différences, et nous croyons pouvoir affirmer que les deux enregistrements ne sont pas de la main du secrétaire en titre. D'ailleurs il l'a lui-même déclaré.

En parlant de l'enregistrement du 1er septembre (matin), Mondon dit, dans sa Notice : « Cette délibération est écrite « au registre par une autre personne que moi. » Il n'en fournit aucune raison. Un peu plus loin, dans cette même Notice, Mondon, racontant les événements de la séance du soir, affirme simplement qu'il y « était présent » et ne dit rien de l'enregistrement du procès-verbal de la séance. Mais Dufour nous rapporte [1] que cet enregistrement du 1er septembre (soir) « n'est pas de la main du secrétaire « du Conseil défensif, et cet honnête citoyen, aujourd'hui « existant, ne peut en déterminer la cause. » Or, Dufour tenait cette confidence de Mondon lui-même.

On a dit [2], il est vrai, que Mondon n'avait pas enregistré le procès-verbal de la séance du 1er septembre (soir) parce qu'il remplaçait ce soir-là son père, secrétaire du district, et qu'il assistait à la délibération des corps administratifs, comme en fait foi sa signature au procès-verbal de cette séance. Mais cela n'empêche pas que Mondon ait assisté aussi, comme il l'affirme, à la séance du Conseil défensif. Rien ne prouve que les deux réunions aient été simultanées et, si elles l'ont été, on pouvait passer de l'une à l'autre, vu la proximité des locaux, les communications qui avaient lieu et la longueur des séances. En tous cas, rien n'explique l'absence de Mondon dans la matinée du 1er septembre.

[1] Dufour, p. 110 (note).
[2] Dommartin, p. 83.

Nous avions été frappé des réticences de Mondon et du fait singulier que, assistant aux séances avec la seule mission d'en rédiger le procès-verbal, il n'ait pu se rappeler pourquoi deux de ces procès-verbaux ne furent pas enregistrés par lui, mais par un inconnu. De là les recherches auxquelles nous avons procédé, et nous espérions qu'elles nous mèneraient à une piste sérieuse. Nos espérances ont été déçues et nous avons constaté que la solution de l'énigme n'est pas encore là.

Nous avons, en effet, retrouvé aux archives de Maine-et-Loire plusieurs pièces écrites par le même personnage qui a enregistré, à Verdun, les procès-verbaux des deux séances du Conseil défensif, le 1er septembre 1792.

Ces pièces sont, entre autres, deux lettres adressées aux administrateurs de Maine-et-Loire, contresignées par Beaurepaire, datées de Nantes, le 13 octobre 1791 et de Guérande le 27 décembre 1791 ; les douze dernières lignes d'une lettre également datée de Guérande le 27 décembre 1791, adressée aux mêmes administrateurs, écrite par Lehoreau, quartier-maître trésorier du bataillon, signée Lehoreau et contresignée par Beaurepaire ; la dernière partie du post-scriptum d'une lettre, datée de Guérande le 14 décembre 1791, signée Lehoreau et contresignée par Beaurepaire [1].

L'aspect général des écritures offre une analogie évidente et, quant au détail, on remarquera l'emploi de *L* pour *l* dans le texte ; le *t* final en forme de *d* si caractéristique dans le mot « armement » à la septième ligne de l'enregistrement de Verdun, 1er septembre (soir), et qu'on retrouve plus de quinze fois dans les pièces d'Angers ; la forme particulière de la lettre *q* qu'on trouve trois fois dans les enregistrements de Verdun et plus de dix fois dans les lettres d'Angers; la liaison des mots le commandant;

[1] Archives départementales de Maine-et-Loire. L 856 *bis*, 4, 8, 9. — L 587, sans numéro de classement.

la forme des *n* finaux avec leurs crochets baissant ou relevés ; l'analogie des *p*, des *f*, des *S*, des barres des *t*, etc.

Il y avait donc au 1er bataillon de Maine-et-Loire un secrétaire attaché à la personne de Beaurepaire et du quartier-maître trésorier. Il devait avoir toute la confiance de Beaurepaire, car on trouve, entre autres détails de correspondance, une lettre autographe du commandant, datée de Nantes le 10 octobre 1791 et à la suite de laquelle ce scribe a ajouté trois lignes, sans aucune transition [1]. Il est venu avec ses camarades à Verdun, il y a continué ses fonctions, il a remplacé Mondon dans la journée du 1er septembre, comme secrétaire du Conseil défensif. Nous n'avons pu identifier ce personnage (qui pourrait être un nommé Louis Cesbron); nous ne pouvons expliquer pourquoi il a remplacé un jour Mondon, mais le fait nous paraît certain.

Nous aurions ainsi une indication sur cet enregistrement du 1er septembre (soir) qui a soulevé tant de discussions. On l'avait longtemps attribué à Beaurepaire lui-même [2], ce qui faisait peser une charge écrasante sur la mémoire du commandant de Verdun. Tout récemment, M. Pionnier, après une longue discussion appuyée de reproductions photographiques, y reconnaissait la main de Mondon et en tirait des arguments en faveur de la thèse de l'assassinat de Beaurepaire [3].

L'identification de ces deux pièces, telle que nous la pré-

[1] On trouvra cette lettre aux archives départementales de Maine-et-Loire, L 585 *bis*, 2.

[2] Notamment Dommartin, p. 83.

[3] Pionnier, pp. 180-190, 230.

La méprise qu'aurait commise, croyons-nous, M. Pionnier, provient de ce qu'il admet à priori (p. 189) que l'enregistrement du 1er septembre (matin) est de la main de Mondon. Il compare alors l'écriture de cet enregistrement à l'écriture de celui du soir, conclut que les deux sont d'une même main, ce qui est exact, et que cette main est celle de Mondon, ce qui n'est plus exact.

M. Pionnier aurait certainement évité cette méprise s'il avait eu, comme nous, la bonne fortune d'être prévenu par la *Notice* de Mondon

sentons, ne fournit, il est vrai, qu'une preuve négative. Cependant, si elle annule de mauvais arguments en faveur du suicide ou de l'assassinat de Beaurepaire, elle déblaye la voie qui conduira au but.

Elle nous autorise aussi à mettre en doute la régularité des deux séances du 1er septembre.

En effet, le secrétaire du Conseil défensif étant investi d'une fonction officielle, c'est déjà une irrégularité de le voir remplacé à deux séances sans qu'une mention en soit faite aux procès-verbaux. Mais cette irrégularité devient plus frappante quand le secrétaire lui-même, rappelant ses souvenirs, ne peut fournir que des explications embarrassées.

Nous ferons encore remarquer que l'encre employée pour ces deux enregistrements n'est pas la même qui a servi à tous ceux qui les précèdent ou les suivent immédiatement sur le cahier.

La différence de teinte est frappante quand on examine la pièce originale et surtout quand on compare les ratures faites sur le mot « signé » dans l'enregistrement du 1er septembre (soir) et une tache d'encre sur la page suivante (page 9) du cahier. Faut-il en déduire que les enregistrements du 1er septembre furent faits dans une salle spéciale, peut-être hors séance ?

En résumé, ils ont quelque chose d'anormal. Celui du soir, que personne n'a signé, est certainement irrégulier et celui du matin, que nous étudions ici, nous paraît déjà suspect.

Il est vrai qu'il porte la signature de Beaurepaire, qui couvre toute responsabilité, lui seul pouvant décider en dernier ressort, rien ne pouvant se faire sans lui. Cette signature est donc la partie intéressante du document. Jusqu'à nouvel ordre nous la tiendrons pour authentique, bien qu'elle présente une particularité qu'on ne retrouve dans aucune autre : la mention « commdt » au-dessous du nom.

Jamais, à notre connaissance, Beaurepaire, n'accompagnait sa signature de cette mention. Nous attirons sur ces détails l'attention d'experts plus habiles que nous.

Nous ferons remarquer que Beaurepaire, qui a l'écriture d'un homme peu exercé, s'était composé une signature très simple, si simple même que les scribes l'imitaient naturellement, au courant de la plume, quand ils avaient à écrire le nom de Beaurepaire dans un texte ou en manière de signature à la fin d'une pièce pour copie conforme. Nous en avons vu plusieurs exemples assez frappants pour que l'illusion résiste à un premier coup d'œil. Le secrétaire dont nous avons parlé a fait au moins une de ces imitations courantes sur une pièce qu'on trouve aux archives départementales de Maine-et-Loire [1]. On la prendrait pour une vraie signature de Beaurepaire, car la forme particulière du *p* et le crochet de l'*e* final se retrouvent dans les signatures autographes des lettres du commandant datées des 10 octobre, 21 et 29 novembre, 15 et 27 décembre 1791 [2].

Il n'est donc pas impossible que ce scribe, ou une personne, ait écrit, en manière de signature, le nom du commandant au bas de l'enregistrement du 1er septembre (matin) et y ait ajouté la mention « commdt ». Ce serait une chose moins surprenante que bien d'autres faits se rapportant à cet épisode de l'histoire.

Quant au message autorisé par cette délibération suspecte, sous la pression d'une émeute, on n'a jamais pu savoir s'il a été envoyé.

Si ce fut un message écrit, l'original n'a pas été retrouvé ; il n'existe même aucune version du texte. Cavaignac rapporte [3] que « ... le message allait partir lorsqu'un « parlementaire fut introduit... » Mondon s'exprime

- L 585 *bis*, 14.

[2] Archives départementales de Maine-et-Loire, L 585 *bis*, 2, 5, 3, 7, 9.

[3] *Rapport de Cavaignac*, p. 14.

de même, et assure que « ... la municipalité n'eut pas « l'occasion d'user de la liberté d'écrire au duc de Bruns- « wick que le Conseil lui avait accordée, l'arrivée d'un par- « lementaire dans la soirée ayant apporté de grands chan- « gements dans les dispositions morales du commandant « Beaurepaire et du Conseil... » Vistot et Mérat n'en parlent pas. Dommartin [1] croit, avec Cavaignac, que le message n'a pas été envoyé ; M. Pionnier [2] n'ose contredire Cavaignac, mais reste persuadé du contraire.

Nous avons vu que l'autorisation de correspondre avec Brunswick fut accordée dans la matinée, probablement vers 10 heures. Nous savons que le second parlementaire arriva à 3 heures. Il n'est pas croyable qu'on ait attendu jusqu'à 3 heures après-midi pour envoyer un message si instamment réclamé, et qui pouvait partir dès 10 heures du matin.

Le texte de la deuxième sommation, apportée à 3 heures, confirme notre hypothèse. Il ressemble trop à une réponse à la requête des habitants pour douter que Brunswick ne l'ait reçue. Et ces présomptions sont si fortes que Dufour lui-même en a été frappé, s'est permis pour une fois de contredire Mondon et d'écrire [3] : « ... La municipalité « de Verdun usa-t-elle de la liberté qui venait de lui être « accordée et sa démarche provoqua-t-elle la seconde som- « mation ? ou ne fit-elle pas cette démarche en raison de « cette sommation ? c'est ce qu'il ne nous a pas été donné « d'éclaircir... »

Sur ce point, le témoignage de Neyon est formel. [4] « ... Le 1er septembre, dans la matinée, dit-il, les corps « administratifs envoyèrent, après en avoir référé au « Conseil, un message à M. le duc de Brunswick pour lui

[1] Dommartin, p. 21.
[2] Pionnier, p. 177.
[3] Dufour, p. 107.
[4] *Moyen de défenses de Neyon.*

« demander de faire la guerre d'une manière moins désas-
« treuse pour les citoyens. Les députés revinrent l'après-
« midi avec un officier chargé d'une seconde sommation à la
« ville de se rendre... »

Mortimer-Ternaux [1] croit à l'envoi du message et à son influence sur la seconde sommation.

A notre avis, le message a été envoyé et, s'il n'a pas déterminé la seconde sommation, il l'aura provoquée et avancée.

Les habitants qui l'ont réclamé, les corps administratifs qui ont appuyé leur vœu, le Conseil défensif qui y a déféré, Beaurepaire enfin pour y avoir souscrit, s'il l'a fait, tous ont leur part de responsabilité dans cette affaire. L'expérience a toujours montré qu'une place qui parlemente avec l'ennemi arrivera fatalement à l'obligation de capituler. Laisser Verdun s'engager dans cette voie fut la grande faute de Beaurepaire et ce faux pas du matin amena sa chute du soir. Certes, sa tâche était rude, mais elle n'était pas au-dessus des forces humaines. Dans toute ville assiégée il y eut des faibles comme il y en avait à Verdun et l'histoire a conservé les noms de plus d'un gouverneur qui ne s'en est pas laissé imposer dans des circonstances plus difficiles. Par la loi, par le dévouement de son bataillon, Beaurepaire était armé pour déjouer toutes les machinations dont Verdun a été le théâtre dans la matinée du 1er septembre ; que n'en a-t-il usé ?

Dans l'après-midi, une seconde sommation de Brunswick fut remise au Conseil défensif.

Le major Hompesch, qui la portait, arriva dans la soirée, dit Mondon, l'après-midi, selon Ybert et Neyon, dans le courant de la journée, dit Vistot. Cavaignac ne fournit aucun indice à ce sujet; les Réminiscences du prince royal de Prusse laisseraient supposer que le parlementaire

[1] Mortimer-Ternaux : *Histoire de la Terreur*, IV, 144.

partit du camp prussien avant midi [1]; d'après Minutoli [2], il aurait quitté le camp vers 1 heure de l'après-midi. Entre ces témoignages, on adopte généralement celui d'Ybert [3], qui est le plus précis « .... Le samedi, 1er septembre, « dit-il, à 3 heures après-midi, le parlementaire du roi de « Prusse arrive à la maison commune où je me trouvais... »

Cette deuxième sommation était ainsi conçue [4] :

« Les sentiments d'humanité et de générosité qui animent « Sa Majesté le Roi de Prusse ont suspendu jusqu'à ce « moment l'activité des moyens qui sont tous préparés « pour forcer la ville de Verdun à la soumission qui lui a « été prescrite par la sommation faite hier. Sa Majesté, « voulant épargner autant qu'il sera possible l'effusion du « sang et les propriétés des malheureux habitants de la « ville de Verdun, veut bien leur accorder un répit pour « soustraire cette ville à sa destruction totale et les troupes « ainsi que les habitants qu'elle renferme à ce moment à leur « perte qu'une résistance prolongée rendrait inévitable.

« Il est offert d'après ces considérations à la garnison de « Verdun de se retirer avec armes et bagages, à l'exception « de l'artillerie et des munitions de guerre, partout où « elle le jugera à propos, sans lui imposer aucune autre « condition que d'accepter l'offre généreuse qui lui est « faite dans le délai de 24 heures, après lequel il devra « être remis à un détachement de l'armée de Sa Majesté « une porte de la ville et une de la citadelle, pour en « prendre possession aux termes déjà prescrits.

« Si la garnison et les habitants de Verdun pouvaient « pousser l'aveuglement au point de rejeter l'offre géné- « reuse qui leur est faite, ils ne tarderont pas à éprouver

[1] *Réminiscences*, p. 20.

[2] Minutoli, *Der Feldzug der Verbundeten...*, p. 138.

[3] *Pétition* d'Ybert, p. 11.

[4] Archives de la mairie de Verdun. *Inventaire*, etc... I'' pièce n° 4.

« tous les maux inévitables de la guerre lorsqu'une résis-
« tance coupable a seule pu les attirer.

« Les commandants et les troupes de la garnison de « Verdun, ayant employé le nom de leur Roi comme un motif « de résistance, sont avertis que dans un moment où Sa « Majesté très chrétienne est évidemment au pouvoir des « usurpateurs de sa puissance légitime, un pareil motif « perd jusqu'à l'apparence même de raison propre à les « excuser.

« La municipalité de la ville de Verdun ne doit négliger « aucun moyen de persuasion envers les autorités militaires « qu'elle a présumé avoir seules le droit de déterminer « les résolutions relatives à la déférence ou à la reddition « de la place.

« Faite au camp avant Verdun, le 1er septembre 1792.

« Le duc DE BRUNSWICK. »

Cette sommation nous paraît répondre, dans son premier paragraphe, au message envoyé le matin par la municipalité, et dans les deux derniers aux lettres reçues la veille du Conseil défensif et des autorités civiles [1].

Les autorités civiles, après en avoir pris connaissance, rédigèrent une délibération dont le texte nous a été conservé [2] et qui fait peser sur elles une lourde responsabilité. Elle est ainsi conçue :

« Les corps admistratifs de la ville de Verdun, considé- « rant que la loi du 26 juillet 1792 relative aux places « fortes et aux moyens de les conserver ne peut être mise « à exécution par la manière dont l'armée combinée « attaque cette place ; qu'en effet il ne peut être question « ni de brèches, ni d'assauts, que l'attaque porte sur les

[1] Nous sommes étonné de la confusion commise à ce sujet par Mondon dans sa *Notice*, et après lui par Dufour (pp. 107 et 109 note).

[2] *Rapport de Cavaignac.* Annexe n° 6.

« maisons et les propriétés des citoyens, que, la garnison « militaire ne pouvant pas les défendre et se trouvant « dépourvue de tous les moyens pour les conserver, l'exé- « cution de cette loi devient impossible ;

« Considérant en outre que la ville se trouve ouverte « en plusieurs de ses parties qui peuvent et doivent être « réputées comme de véritables brèches ; que le bombarde- « ment qui a eu lieu 12 heures cette nuit et auquel la gar- « nison ni aucune force humaine ne pouvaient parer est « un véritable assaut ;

« Considérant, en troisième lieu, que l'Assemblée na- « tionale, même l'Assemblée constituante, n'a pu ignorer « le véritable état de cette place, non plus que le dénue- « ment absolu de ses ressources et moyens de défense « puisque les corps administratifs n'ont cessé de l'en « instruire, et singulièrement encore lors de la prise de « Longwy, dont elle a paru douter ; que ces mêmes corps « ont prévenu à diverses reprises les armées françaises « qui l'environnent de sa position, avec les plus fortes ins- « tances de renforcer la place ;

« Considérant enfin que le bombardement qui fut fait « cette nuit et qui a réduit en cendres ou considérablement « endommagé les maisons de plusieurs habitants et que « tous leurs concitoyens ont émis leur vœu sur la reddi- « tion de la place et vu la défense notoirement imprati- « cable ;

« Ont l'honneur d'observer au Conseil militaire défensif, « que, pour éviter la ruine et la subversion entière de la « place, il leur paraît indispensable d'accepter les conditions « offertes à la garnison de la part de M. le duc de Brunswick, « au nom de Sa Majesté le roi de Prusse, puisqu'elle conserve « à la nation sa garnison et ses armes et que la ruine de la « ville ne serait d'aucune utilité pour la patrie.

« Fait à l'assemblée des corps administratifs et judi- « ciaires réunis à Verdun le 1er septembre 1792.

« Lambry ; Catoire ; Caré fils, maire ; N. Piérard ;
« Hébert ; Collard ; de Péronne ; Cauyette ; Cajot ; Thi-
« rion ; Devaux ; E. Tristant ; Herbin; Simon-Piérot;
« Viard, procureur de la commune ; Sauvage, vice-prési-
« dent ; Henry ; Lespine ; Collard ; Marchal, procureur-
« syndic ; Georgia l'aîné ; Mondon fils, secrétaire. »

En comparant cette humiliante requête avec leur digne réponse de la veille au duc de Brunswick, en se rappelant les minces dommages causés par ce bombardement qu'ils veulent assimiler à « un véritable assaut », on reste confondu et on cherche en vain les causes d'un revirement si complet des corps administratifs de Verdun. La réalité du danger met à nu, chez les individus et dans les foules, les faiblesses humaines. Quant à l'authenticité de ce document, personne n'en a jamais douté, bien que l'original ait disparu.

Il n'en est pas de même du document qui nous reste sur la décision prise par le Conseil défensif.

Il avait à se prononcer sur cette phrase de la sommation de Brunswick : « ... Il est offert à la garnison de Verdun la
« liberté de se retirer avec armes et bagages, à l'exception
« de l'artillerie et des munitions de guerre, partout où elle
« le jugera à propos, sans lui imposer aucune autre condi-
« tion que d'accepter l'offre généreuse qui lui est faite
« dans le délai de 24 heures... »

« ... M. de Beaurepaire, dit Mondon [1], dut nécessaire-
« ment soumettre au Conseil les propositions du général
« prussien. Aussi demanda-t-il de nouvelles explications
« à MM. les commandants du génie et de l'artillerie.
« Ceux-ci ne tinrent par le même langage que la veille
« au matin, lors de la réception de la première sommation.
« J'étais présent et je me souviens parfaitement que ces
« messieurs firent beaucoup valoir l'insuffisance et le mau-
« vais état des fortifications et la pénurie des bouches à feu

[1] Notice inédite.

« et des munitions après la consommation inutile qu'on en « avait fait dans les deux journées précédentes. On verra « plus au long leurs motifs dans la délibération qui a pré- « cédé la capitulation. La séance fut longue, les opinions « n'étaient pas concordantes, et pour ce motif la décision « fut remise au lendemain... »

« ... On convint, dit Neyon [1], d'une trêve de 24 heures « pendant laquelle il serait avisé au parti à prendre... »

« ... Le brave M. Beaurepaire, écrit Lemoine, s'opposa « de toutes ses forces aux pressantes sollicitations des « lâches habitants de Verdun. Lui seul, dans le Conseil « défensif, invoquait les droits de la patrie et les faisait « valoir. Conduit par lui, guidé par ses sentiments, animé « du même patriotisme, je les ai soutenus avec la même opi- « niâtreté et, si la capitulation n'eût dépendu que de nous, « Verdun aurait été la proie des flammes plutôt que de « passer en la puissance de l'ennemi... C'est après un « bombardement de douze heures que le Conseil défensif « a demandé un délai de vingt-quatre heures pour accepter « ou refuser les offres faites par Brunswick et c'est pendant « ce délai que les habitants, les corps administratifs et « judiciaires ont formé une pétition au Conseil défensif « qui tendait à capituler. Les ingénieurs de la place ont « produit, à l'appui de cette pétition, un long procès-verbal « qui constate du mauvais état de la place et de l'impos- « sibilité où elle était de résister plus de vingt-quatre « heures sans brèches. Toutes ces pièces produites au Con- « seil défensif déterminèrent la majorité en faveur de la « reddition. M. Beaurepaire n'avait pas encore donné « son avis [2]... La séance du Conseil de défense fut extrê- « mement orageuse. Tous les volontaires y firent entendre

[1] *Moyen de défenses de Neyon.*

[2] Lemoine aux administrateurs de Maine-et-Loire, 10 sept. 1792. Archives départementales de Maine-et-Loire, L 586, 1.

« un langage vraiment français, excepté le chef de bataillon « Neyon, le commissaire des guerres, les chefs de la garde « nationale et presque tous les citoyens employés dans « l'administration de la ville, qui y firent entendre des pa- « roles honteuses. Le Conseil se sépara vers six heures du « soir sans avoir pris aucun résolution, renvoyant au len- « demain 2 septembre pour traiter définitivement la ques- « tion en délibération... [1] »

« Les habitants de cette exécrable ville (de Verdun), dit « Marceau [2], sont les seuls coupables et partagent avec « eux toute l'indignation que la France doit vouer à ces « lâches, tous les aristocrates et modérés qui dans le Conseil « ont voté pour la reddition de la place qui n'était pas « tenable mais dans laquelle il fallait rester deux jours de « plus... »

Tels sont les témoignages laissés par les personnes qui ont pu assister à la séance.

Des contemporains nous ont encore transmis quelques indications. Cavaignac, dans son Rapport [3], dit seulement que « ... le Conseil s'occupa de la réponse qu'il avait à « faire... et répondit quelques heures après qu'il acceptait « la suspension d'armes... » — « ... Le parlementaire, « rapporte dom Ybert [4], demanda un oui ou un non, car, « dit-il, le roi de Prusse est pressé, ce sont ses termes. Le « Conseil défensif se tint pendant près de trois heures « et j'atteste sur ma tête qu'il s'est tenu avec la plus grande « tranquillité, que le peuple ne s'est porté ni aux menaces,

[1] *Mémoire de Lemoine au roi*, 15 janvier 1835.

[2] Lettre (7 septembre 1792) de Marceau à Constantin Maugars. Doublet de Boisthibault, *Marceau*, p. 142.

Nous rappelons ici que Marceau ne faisait pas officiellement partie du Conseil puisqu'il n'était pas chef de corps. Lemoine, au contraire, remplaçait, comme chef de corps, Beaurepaire nommé gouverneur et devait assister aux séances du Conseil.

[3] *Rapport de Cavaignac*, p. 14.

[4] *Pétition d'Ybert*, p. 11 (note).

« ni aux excès... » — « ... Il y eut beaucoup de pour-« parlers, dit le Témoin oculaire [1], tant qu'à la fin la bour-« geoisie, ou plutôt ce qu'on nommait le Conseil exécutif, « força le commandant à rendre la ville... (Le Conseil) « s'expliquait sans détour : il n'avait pas envie, disait-il, « de périr étant bien portant, ni de mourir de faim. Jamais, « en un mot, il ne consentirait à laisser détruire, par le « feu de l'ennemi, et la ville et son bien. Le commandant, « plein d'un vrai courage et du plus noble patriotisme, « honorait le poste dont il était chargé et ne voulait le « rendre qu'avec la vie : il lui paraissait affreux de voir aux « mains de l'ennemi une ville que la nation l'avait chargé « de défendre. Il s'irrita courageusement contre la poltron-« nerie des habitants et plus encore contre le dévouement « rampant du Conseil de Verdun... J'ai pris des infor-« mations à Verdun sur le caractère de ce héros ; on ne « pouvait s'empêcher d'en parler avec le plus grand « éloge. C'était un des défenseurs de la liberté républi-« caine des Français ; son nom était Beaurepaire... »

De quatre auteurs qui ont traité ce sujet quelques années après, mais quand on pouvait encore recueillir des témoignages contemporains, trois (Vistot, Mérat et Grille) supposent que la séance continua après le départ du parlementaire. Vistot, le plus digne de foi, écrit que la séance fut troublée par l'émeute populaire. « ... Il paraît, ajoute-t-il [2], « qu'on ne put s'entendre sur la capitulation. D'après ce « que m'ont dit les personnes contemporaines il est avéré « que Beaurepaire ne voulait pas rendre la place... » Grille, plus passionné, transforme cette séance en une réunion publique, avec apostrophes et dialogues dramatiques [3]. Mérat engage la responsabilité de Bousmard, Pichon, Vercly et des autorités civiles et n'accuse pas

[1] *Témoin oculaire*, pp. 79-81.
[2] *Mémoire* inédit de Vistot, chap. x.
[3] Grille, II, pp. 280-288.

Beaurepaire[1]. Il rappelle que Jouy, dans son *Hermite en Province*, dit que les habitants de Verdun « ... avaient forcé ce commandant à capituler... », mais il oublie d'ajouter que Jouy tenait ses renseignements d'un habitué de table d'hôte, qui « en un instant », à l'hôtel des Trois-Maures, à Verdun, lui avait appris tout ce qu'il y a d'important sur l'historique de cette ville [2]. C'est un exemple du soin avec lequel doit être vérifié tout ce qu'on a dit sur ces faits. Quant à Dufour il n'a fait que reproduire dans son Mémoire une partie de la Notice de Mondon et ne nous apprend rien de nouveau.

Les Mémoires de Choudieu, en ce qui touche Beaurepaire, sont tellement inexacts qu'on ne peut guère s'y fier. Choudieu dit que Beaurepaire, président le Conseil, fit de grands efforts pour empêcher la décision qui fut prise, qu'il refusa de consentir à la reddition et de signer la capitulation. Une députation des trois bataillons composant la garnison lui offrit de tenter une sortie ; il refusa encore et mit fin à ses jours d'un coup de pistolet [3].

On trouve encore le témoignage suivant dans la note manuscrite déposée aux archives de la mairie d'Angers [4], et dont nous avons déjà parlé : « ... Les citoyens (de Ver-
« dun) voyant M. Beaurepaire décidé à défendre la place
« s'abouchèrent avec l'ennemi ; ils introduisirent des par-
« lementaires dans la place à son insu. Vers le soir, Beaure-
« paire harangua le peuple dans la cour de la mairie et, ne
« pouvant inspirer son dévouement à des citoyens habitués
« au repos, il assembla le Conseil de guerre et, voyant que

[1] Mérat, pp. 50-54.

[2] *L'hermite en province, ou observations sur les mœurs et les usages français au commencement du XIXe siècle*, par M. E. Jouy, de l'Académie française. 14 vol. in-12, Paris, 1827. Tome XI (paru en 1826), pp. 353-355.

[3] *Mémoires*... de Choudieu, pp. 210 et seq.

[4] Dossier Beaurepaire, R 2.

« l'avis de se rendre l'emportait, il demanda à passer « dans un autre appartement pour s'y recueillir et prendre « une détermination définitive. A peine entré, il s'y brûla « la cervelle... Tels sont les renseignements que nous « avons pu recueillir dans les biographies du temps et « dans les notes et les souvenirs des volontaires du pre- « mier bataillon de Maine-et-Loire, existant à Angers, sur « les causes de la mort de Beaurepaire. »

Enfin, d'une polémique engagée dans le *Journal de Maine-et-Loire*, en janvier 1837 [1], nous extrayons les passages suivants : « ... Une brèche, s'écriait Beaurepaire, une « brèche, et alors vous pourrez vous rendre sans souiller « vos drapeaux, sans craindre de sentir à l'aspect des « soldats étrangers, qui bientôt envahiront vos rues, le « rouge de la honte vous monter au visage... Il n'est pas « vrai que la garnison se soit révoltée. A la vérité, des gens « de la ville, auxquels avaient pu se joindre quelques sol- « dats des différents régiments qui y stationnaient, vinrent « crier devant l'Hôtel de Ville : Qu'on rende Verdun ! « Mais la garnison qui occupait la citadelle, et où se trou- « vaient les Angevins commandés par Beaurepaire, voulait « l'assaut. Et qu'on ne doute pas de ce que j'avance, je le « tiens d'un homme qui me touche de près, d'un vieux « soldat du 1er bataillon de Maine-et-Loire qui me disait « hier encore : forcés de rendre la place, nous pleurions de « rage... »

Dépouillés des inexactitudes et des exagérations qu'ils renferment suivant le caractère et le degré d'information de leurs auteurs, nous pouvons tirer de ces témoignages les déductions suivantes : le major Hompesch arriva vers 3 heures et remit au Conseil défensif la sommation dont il était porteur ; les corps administratifs en prirent connais-

[1] *Journal de Maine-et-Loire*, 10, 12, 14, 16 janvier 1837.
Articles anonymes signés P. H. ; un de vos abonnés ; et D. A. B. B.

sance, opinèrent nettement pour une capitulation immédiate et soumirent leur vœu au Conseil défensif ; ce dernier, sous l'influence de cette requête, sur les rapports alarmants du commissaire des guerres, des commandants de l'artillerie, du génie et des gardes nationales, fit un pas de plus sur la pente fatale où il s'était engagé le matin ; Beaurepaire essaya de l'y retenir.

Mais le Conseil a-t-il dépassé ses droits et accepté une suspension d'armes que Beaurepaire n'a pas autorisée et qui fut conclue à son insu, ou même contre sa volonté ? Ici, les faits deviennent de plus en plus obscurs et, suivant l'expression de Vistot « commencent à se couvrir d'un « voile que la vérité ne viendra probablement jamais « à bout de lever. »

Sur le cahier des délibérations du Conseil défensif se trouve l'enregistrement suivant, dont nous avons déjà parlé et que, vu son intérêt et pour plus de clarté, nous reproduisons de nouveau :

« Du 1er septembre 1792, à heures du soir.

« Le commandant de la place de Verdun aura l'honneur « de faire parvenir demain à Monsieur le duc de Brunswic, « avant l'expiration de 24 heures, la réponse définitive « aux conditions qui lui sont proposées, mais il a l'honneur « d'observer que deux corps de troupes de la garnison y sont « entrés avec chacun deux pièces de campagne faisant partie « de leur armement et qu'ils espèrent qu'on voudra bien « leur accorder comme une des conditions intégrante de « la capitulation proposée.

« *Le commandant militaire de Verdun*
« Signé

Cette lettre avait une importance qui n'échappera à personne, car le gouverneur qui l'aurait signée et expédiée s'engageait virtuellement à capituler « à l'expiration de vingt-quatre heures ». C'est l'engrenage fatal où furent pris tous les militaires qui parlementent avec l'ennemi. Elle touche donc directement la mémoire de Beaurepaire et on admet généralement que Beaurepaire l'aurait écrite. Ce n'est pas notre avis.

Nous élevons un premier doute sur la régularité même de l'enregistrement de cette lettre au cahier du Conseil.

Nous avons dit qu'il n'est pas de la main de Mondon, secrétaire en titre du Conseil, mais de cette main inconnue qui avait déjà enregistré, et peut-être hors séance, la délibération du matin. Nous avons insisté sur ce fait que Mondon, après avoir écrit dans sa Notice qu'il « était présent » à la séance, a déclaré plus tard à Dufour qu'il ne s'expliquait pas comment l'enregistrement avait été fait par une autre personne. On peut donc se demander si cette inscription a été faite régulièrement. Une séance légale, tenue pour prendre une décision aussi importante, se serait terminée, croyons-nous, par un procès-verbal en règle, daté et signé, comme le sont tous les autres sur le cahier.

M. Dommartin semble admettre que cet enregistrement a été écrit par Beaurepaire lui-même pour tenir lieu de procès-verbal de la séance [1]. Cette assertion ne résiste pas à une comparaison des écritures [2].

Dufour, frappé des contradictions de Mondon, tient cette pièce pour apocryphe [3].

Grille [4] dit qu'elle fut rédigée sans l'aveu de Beaurepaire, « secrètement et frauduleusement portée en hâte au camp prussien » pendant que le commandant était à la citadelle au milieu de son bataillon. Il raconte l'indignation de Beau-

[1] Dommartin, p. 25.

[2] Voir la discussion de Pionnier (p. 187) avec reproductions photographiques à l'appui.

[3] Dufour, pp. 111, 132.

[4] Grille, II, pp. 282-287.

repaire rentrant dans la salle des séances « . . . Commandant, « dit Neyon, jetez les yeux sur cette pièce que nous venons « de rédiger... — Je n'ai pas besoin de lire. — Eh bien, je « lirai donc, s'écrie Neyon. — Lisez, lisez, crie le peuple. — « Non, je ne le veux pas, crie à son tour Beaurepaire... et « il arrache le papier des mains de l'officier, il y jette les « yeux... puis, enflammé de colère : Mais cela est faux, « ignoble et exécrable ! quelle plume a écrit celà ? qu'il se « nomme l'auteur... ou plutôt qu'il se cache dans les en- « trailles de la terre... »

Si Grille était un historien plus sûr, nous n'hésiterions pas à adopter le sens général du témoignage qu'il rapporte en ces pages, d'après les souvenirs des volontaires présents à cette dramatique journée. Au dire de Demangeot, Delaâge a fait à Grille « vingt fois le récit et la description de la mort de Beaurepaire », et Grille aurait écrit cette partie de son ouvrage sous la dictée de Legendre, capitaine des volontaires, mort à 82 ans en 1846, et d'après les notes et les souvenirs de Guitet, grenadier au même bataillon, mort à 89 ans, en 1860 [1]. Nous croirions avec eux que la suspension d'armes fut acceptée par le Conseil défensif dans une séance irrégulière, tenue en l'absence de Beaurepaire. Le procès-verbal, dressé par un secrétaire d'occasion, aurait été préparé pour recevoir la signature du commandant, qui refusa de le signer. La forme sous laquelle ce procès-verbal nous est conservé au cahier d'enregistrement confirme cette hypothèse. Mais ce n'est pas tout.

Nous croyons qu'en attendant le retour de Beaurepaire pour présenter le procès-verbal à sa signature cette assem-

[1] Demangeot, *Suicide de Nicolas Beaurepaire...*, p. 15. — Port, *Dictionnaire...*, art. Guitet. — On conserve à la bibliothèque d'Angers, ms. n° 572, le cahier de notes du volontaire Guitet. On y lit cette simple mention : « Le 1er septembre, les habitants et chefs de « la ville capitulèrent. M. Beaurepaire se brûla la cervelle. Le 2, la « ville fut livrée aux Prussiens par les habitants et la garnison « sortit... ». — Grille, IV, 437 et 451.

blée irrégulière aurait commencé à discuter et à rédiger la délibération qui fut adoptée le lendemain sur la nécessité de capituler. C'est alors qu'éclata l'indignation de Beaurepaire.

Au point où en est la question, il suffirait d'un témoignage pour faire pencher la balance. En vain, nous avons cherché, en Anjou, une lettre, un souvenir authentique d'un volontaire du premier bataillon de Maine-et-Loire ; nous n'en avons pas trouvé. Le temps et les moyens nous ont manqué pour faire les mêmes recherches dans les départements de l'Allier, d'Eure-et-Loir, de la Charente-Inférieure où l'on trouverait peut-être des renseignements, puisque des volontaires de ces régions étaient à Verdun le 1er septembre 1792. Nous souhaitons que cette publication éveille quelque curiosité et fasse découvrir ce document.

Déjà il en est un qui a de la valeur et n'a cependant jamais été signalé : c'est la déclaration de Laporte.

Les députés Lamarque, Bruat et Laporte, commissaires de l'Assemblée nationale dans les départements de la Meurthe et de la Moselle, rendirent compte de leur mission dans la séance du 6 septembre (matin) 1792 [1]. « Nous avons, « dit Laporte, toutes les pièces de la capitulation de Verdun « et les lettres de sommation écrites par le Conseil de guerre « et le duc de Brunswick. » La lecture en fut ajournée à la séance du soir.

Le soir, en effet, Laporte fit lecture des pièces suivantes : la première sommation de Brunswick, le 31 août; la réponse, le même jour, du Conseil défensif de Verdun ; la seconde sommation de Brunswick, le 1er septembre; et, *immédiatement après*, une délibération du Conseil défensif, *en date du 1er septembre*, concluant à l'acceptation de la capitulation. Cette délibération est celle que nous trouverons au cahier du Conseil défensif, *mais à la date du 2 septembre, 5 heures du matin*, après la mort de Beaurepaire.

[1] *Moniteur*, n° 252.

Or, Laporte et ses collègues n'ont pas pénétré à Verdun qui était occupé par les Prussiens ; ils n'ont pas eu connaissance du cahier d'enregistrement. Ils ont eu ces pièces par des témoins sortis de Verdun [1] qui leur ont procuré des copies et le sens général. S'ils ont mis à la date du 1er septembre l'acceptation de la capitulation par le Conseil défensif, c'est sur le rapport de ces témoins, et nous pouvons croire, avec eux, que la capitulation avait été décidée par le Conseil défensif dès le 1er septembre, avant la mort de Beaurepaire. Ceci n'a fait aucun doute pour les commissaires, puisque Laporte, après avoir lu cette délibération du Conseil défensif et celle des corps administratifs, *en les datant du 1er septembre*, ajoute : « A la suite de ces délibérations, « M. Beaurepaire, commandant, voyant que les habitants « exigeaient impérieusement la reddition de la place, s'est « brûlé la cervelle [2] ».

Ainsi les commissaires de l'Assemblée nationale, se faisant l'écho des témoignages du moment, ont admis dans un rapport officiel que la capitulation fut décidée par le Conseil défensif dès le 1er septembre, avant la mort de Beaurepaire. Il est vrai qu'ils n'ont pas dit, comme Grille, que cette décision fut prise dans une séance illégale. Il est vrai aussi que cette délibération est enregistrée sur le cahier du Conseil défensif à la date du 2 septembre, 5 heures du matin, immédiatement après la mort de Beaurepaire. Mais ce Conseil, que nous surprenons, depuis 24 heures, en flagrants délits d'abus de pouvoir, a pu, dans un intérêt trop évident, n'enregistrer que le matin une délibération commencée et peut-être arrêtée la veille au soir.

[1] Probablement par les officiers et la garnison de Verdun venus à Châlons après la capitulation.

[2] Les pièces citées ensuite par Laporte sont : une lettre de Neyon, en date du 2 septembre et relative à la conservation des canons de campagne des bataillons de Maine-et-Loire et de la Charente-Inférieure, le texte de la capitulation du 2 septembre.

On remarquera encore que Cavaignac, dans son rapport officiel à l'Assemblée nationale, ne dit pas un mot du document inséré sans signature au cahier d'enregistrement du Conseil.

Il le reproduit dans ses annexes[1], mais comme hors d'œuvre, et le texte du rapport n'y renvoie pas comme à tous les autres annexes. Il n'y fait aucune allusion, ne l'attribue jamais à Beaurepaire et, dans un rapport aussi circonstancié, rédigé après enquête sur les lieux, quelques mois après les événements, il élude avec une prudence manifeste ce point capital de la discussion. Cette réserve d'un homme aussi précis que Cavaignac est significative.

Pour toutes ces raisons, nous ne pouvons admettre que la responsabilité de Beaurepaire soit engagée par le procès-verbal inscrit au cahier d'enregistrement du Conseil défensif, à la date du 1er septembre (soir) sans indication d'heure, ni signatures. Ce document ne peut faire foi et est des plus suspects.

Enfin, Beaurepaire a-t-il envoyé cette lettre dont nous trouvons l'enregistrement au cahier du Conseil?

Nous ne le pensons pas.

En admettant même que cette lettre ait été conçue, écrite, enregistrée, on pourrait toujours se demander si elle a été envoyée puisque personne n'a signé le procès-verbal d'envoi et que l'heure où elle devait partir a été laissée en blanc sur le cahier d'enregistrement.

Le député Laporte n'en a pas parlé à l'Assemblée nationale. Il croyait pourtant avoir « toutes les pièces » se rapportant à l'événement. Il cite même une lettre écrite le lendemain par Neyon et reproduisant la demande, relative aux pièces d'artillerie, formulée déjà dans la lettre qu'on veut attribuer à Beaurepaire. Cet argument a été exploité par ceux qui ne croient pas à l'envoi de la lettre de Beau-

[1] Annexe, n° 8.

repaire, car si cette lettre avait été envoyée il aurait été inutile de renouveler dans la matinée du 2 septembre une demande faite la veille au soir. Les partisans de la thèse contraire disent que le *Moniteur* ne fait pas foi en matière historique et que Neyon, dans son *Moyen de défenses*, ne parle pas de sa lettre du 2 septembre. Il avait trop d'intérêt à la taire et à la mettre, comme il l'a fait, sur le compte de Beaurepaire, pour que cette objection ait une valeur quelconque.

Disons enfin que, si cette fameuse lettre a été envoyée, écrite et signée par Beaurepaire, personne encore n'en a relevé la trace.

On a supposé longtemps que Beaurepaire, après l'avoir préparée, ne s'était pas décidé à l'envoyer ; qu'on la retrouva le lendemain matin dans sa chambre, ou sur le bureau du Conseil, et on croyait posséder ce document dans une pièce qui est conservée aux archives du Ministère de la guerre [1]. Mérat [2] avait admis cette hypothèse, et MM. Dommartin [3] et Chuquet [4] l'ont reproduite après lui. M. Pionnier a démontré [5] par une comparaison des écritures, avec reproductions photographiques à l'appui, que cette pièce et trois autres analogues qu'on possède, ne sont pas de l'écriture de Beaurepaire et doivent être des copies prises plus tard sur le cahier du Conseil pour être jointes à des dossiers d'information.

On trouve aussi aux archives nationales [6] une copie non authentique, mais ancienne, d'extraits du cahier des délibérations du Conseil défensif de Verdun. Sur cette copie, à la suite de l'enregistrement litigieux du 1er sep-

[1] Carton septembre 1792.
[2] Mérat, pp. 51 et 52 (note).
[3] Dommartin, p. 83-84.
[4] Chuquet *La première invasion prussienne*, pp. 243 (note) et 244.
[5] Pionnier, pp. 182-190.
[6] W 2, dossier 3,92.

tembre (soir) le scribe a mis : « signé Beaurepaire sur l'original et en blanc au registre ». Nous nous demandons où ce copiste aurait pu voir l'original dont il parle et, s'il l'a jamais vu, ce qu'il est devenu.

Si cette lettre a existé, elle dort peut-être dans quelque carton des archives d'Allemagne où elle aurait été emportée par l'état-major prussien, si elle fut remise à Brunswick [1] ; et, si elle est restée à Verdun, elle disparut peut-être, avec tant d'autres pièces, au mois d'octobre 1792.

Jusqu'à ce que sa découverte vienne trancher le débat il n'existe aucune preuve matérielle du consentement de Beaurepaire à la capitulation de Verdun. Celles qu'on a produites jusqu'ici, et qu'on pouvait croire authentiques, sont manifestement suspectes. Au contraire, toutes les preuves morales sont à l'honneur de Beaurepaire et nous pouvons croire, avec ses apologistes, qu'il est resté inébranlable dans sa résolution de ne pas céder. Mais nous ne dirons pas encore, faute de preuves matérielles, que les partisans de la capitulation, devant cette résistance invincible, ont supprimé l'obstacle et fait assassiner Beaurepaire. Il serait même prématuré d'affirmer que les préliminaires de la capitulation furent engagés illégalement, à l'insu de Beaurepaire, ou enregistrés après coup pour faire endosser à la mémoire d'un mort la responsabilité de la reddition et donner de la vraisemblance à un suicide. Cependant le cercle des investigations se rétrécit chaque jour et la vérité est serrée de bien près.

Nous continuerons maintenant l'exposé des événements.

[1] Pionnier dit (p. IX, 251) qu'il a fait fouiller sans grand succès les archives du royaume de Prusse et celles du grand état-major allemand. Elles ne contiendraient aucun document de ce genre.

L'*Histoire de la Révolution française*, par Sybel, professeur à Bonn et Munich (traduite en français en 1884) admet l'assassinat de Beaurepaire.

Le parlementaire prussien quitta Verdun, emportant un cadeau de liqueurs que lui avaient courtoisement fait remettre Beaurepaire et Lombard [1]. Nous aimerions mieux savoir s'il emportait aussi cette lettre dont on veut charger la mémoire de Beaurepaire. Mondon et Neyon affirment qu'elle lui fut remise « ... Comme il fallait renvoyer le « parlementaire, dit Mondon, voici la lettre que répondit « M. de Beaurepaire à la seconde sommation... » — « ... Beaurepaire, dit Neyon, fit au général la réponse sui- « vante... » — « ... Dans la soirée, dit Vistot, le Conseil « de défense adressa au duc de Brunswick la réponse sui- « vante... » — « ... Le Conseil défensif, dit Cavaignac, « répondit... qu'il acceptait la suspension d'armes... [2] » — « ... Beaurepaire, raconte Ybert, vint trouver avec « quelques membres du Conseil le parlementaire ; il de- « mande une suspension d'armes de 24 heures qui lui fut « accordée avec assez de peine. Cette suspension commen- « çait le samedi, à 3 heures après-midi, et devait finir le « lendemain à la même heure... »

Il paraît donc certain que le parlementaire emporta une réponse écrite ou verbale, mais dont la légalité et le sens exact sont discutables. En tous cas, aucune hostilité n'eut lieu à partir de ce moment. « ... Il y avait trêve de 24 « heures, dit Neyon, depuis les trois heures du soir, du « samedi premier (septembre) ; de cet instant, tout feu « avait cessé de part et d'autre... »

Le retour du parlementaire au camp prussien calma Brunswick. Ce général, toujours inquiet de l'attitude de Verdun, avait ordonné au colonel Tempelhof de tracer un

[1] Interrogatoire, le 3 novembre 1792, de Neyon par la Commission municipale provisoire de Verdun. Biblioth. de Verdun, ms. 211, pp. 165-168.

[2] On remarquera que Cavaignac, dans son rapport officiel, fait après enquête, et Vistot, qui a recueilli sans passion des témoignages contemporains, mettent la réponse au compte du Conseil défensif et non de Beaurepaire.

parallèle et de faire commencer les travaux d'approche par neuf cents hommes. Les bataillons qui donneraient l'assaut étaient déjà désignés [1]. Dans l'après-midi, après le départ de Hompesch, il s'était expliqué sur la situation avec le roi, le prince de Nassau-Siegen, le général Lambert et d'autres émigrés.

« ... [2] Le duc leur reprocha avec beaucoup de sévérité « tout ce qu'ils avaient dit de la facilité d'une expédition en « France ; il leur demanda ce qui en est advenu de toutes « les promesses qu'ils ont faites, où en sont leurs intelli- « gences dans le pays, que sont devenues les bonnes inten- « tions des commandants des places, ce que l'on devait « attendre du mécontement des troupes contre la nouvelle « Constitution et des sentiments royalistes de la plus grande « partie de la nation. S'ils n'avaient pas trompé le roi « de leurs espérances mal fondées, s'ils n'avaient peint « l'expédition comme tout à fait sans danger, il n'aurait « jamais songé à s'avancer si avant dans le pays en commet- « tant la faute de laisser en arrière de lui, ou même sur « ses flancs , des places de la plus grande importance ... » Hompesch dut lui apprendre que Verdun n'était pas si redoutable qu'on le supposait et que sa reddition était une question d'heures. On ne confie pas au premier venu la mission délicate de parlementaire, et Hompesch avait pu observer l'état des esprits. Cavaignac nous apprend en effet que, « pendant que le Conseil s'occupait de la ré- « ponse qu'il avait à faire, l'officier prussien s'entretenait « avec ceux qui l'entouraient des détails sur les fortifi- « cations de la place. Il leur prouva qu'il était parfaitement « instruit de leur situation et leur dit qu'ils ne devaient

[1] Chuquet : *La première invasion prussienne*, p. 241, d'après *Lettre de Brunswick* du 1er sept.(Arch. nat. W 362, 718, I, 23).— Minutoli, *Der Feldzug der Verbundeten...* (p. 139) et *Militærische Erinnerungen* (p. 68).

[2] *Réminiscences*, p. 20.

« pas s'attendre à recevoir du renfort [1]. . » Il n'est pas douteux que Brunswick ait compté désormais sur la capitulation de Verdun pour le lendemain. Il attendit patiemment les événements.

Il pouvait être 6 ou 7 heures du soir quand le Conseil défensif se sépara. A cette époque de l'année il faisait encore jour et « chacun , dit Cavaignac [2], se rendit « à son poste. Beaurepaire se tint au sien jusqu'à deux « heures et demie du matin . . . » Cette déclaration laisserait supposer que Beaurepaire, après la séance, n'a pas quitté l'Hôtel de Ville où il avait une chambre dans une salle contiguë à celle des délibérations du Conseil. Neyon l'a cru aussi quand il dit : [3] «. . . Vers les trois heures du matin, « Beaurepaire qui était à la maison commune se retira « dans une chambre pour y reposer. . . » Vistot a reproduit ces opinions dans son mémoire.

On s'est plu à dramatiser la solitude où se renferma Beaurepaire après la séance orageuse du Conseil.

« Beaurepaire, rapporte Cavaignac [4], se retira dans une « chambre voisine et dit aux soldats qui servaient auprès « de lui qu'il allait y prendre une heure de repos. Là, seul, « livré à lui-même, il sentit combien la situation était « cruelle. La trahison du pouvoir exécutif, l'infidélité « de l'ingénieur Bousmard et du commissaire Pichon, le « sort fatal qui lui avait fait échoir le commandement « d'une place abandonnée, livrée à l'ennemi avant qu'elle « fût attaquée, la lâcheté de la majorité du Conseil défen- « sif qui lui avait sans doute paru déterminé à capituler « durent frapper à la fois son imagination extrêmement « ardente ; le désespoir dut s'emparer de son âme. . . »

Il connaissait l'article terrible de la loi du 26 juillet 1792 :

[1] *Rapport de Cavaignac*, p. 14.
[2] *Id.*
[3] *Moyen de défenses de Neyon.*
[4] *Rapport de Cavaignac*, p. 15.

« Tout commandant de place revêtue ou bastionnée qui « la rendra avant qu'il y ait brèche accessible et praticable « au corps de ladite place, qu'il n'ait soutenu au moins un « assaut... sera puni de mort. » Même en épiloguant sur l'état des remparts, il n'y avait pas de brèche accessible à l'enceinte de Verdun ; aucun assaut n'avait été donné ; on ne manquait ni de munitions, ni de vivres. « ... Beaure-« paire vit se dresser devant lui la loi inexorable... Il se vit « peut-être traîné sur l'échafaud, sa tête se troubla et, « courant au-devant de la mort, il se brûla la cervelle... [1] »

Nous ne voyons pas pourquoi Beaurepaire, au cours de sa tragique méditation, n'aurait envisagé qu'un dilemme : la condamnation à mort ou le suicide. Une autre solution se présente naturellement à l'esprit de tout militaire de vieille roche : celle de mourir en combattant. « La garnison était « assez forte pour contenir les habitants s'ils avaient mur-« muré. La citadelle offrait d'ailleurs une dernière res-« source pour arrêter, au moins pendant quelques jours, « la marche de l'ennemi ; et un jour était bien précieux, « alors, pour la France... A la tête de la garnison, sur un « champ de bataille, sur la brèche ou dans la citadelle, « c'est là que le sang de Beaurepaire pouvait couler utile-« ment pour la patrie [2]... » Beaurepaire n'était pas un génie, mais ces inspirations sont à portée de tout homme de devoir et de conscience. Il était de cette classe. Par son attitude depuis le commencement du siège avons-nous vu qu'il fût désespéré et qu'il ait témoigné l'intention de se rendre ? Nous avons constaté le contraire. Nous savons aussi qu'avec une juste notion de l'honneur militaire il n'admettait pas, en face de l'ennemi, d'autre mort que celle du champ de bataille. Le 8 juin 1792, parlant d'un

[1] Dommartin, p. 87. Voir aussi Chuquet : *La première invasion prussienne*, p. 248, et Mérat, pp. 81 et seq.

[2] *Rapport de Cavaignac*, pp. 24-25.

duel entre deux de ses volontaires, il écrivait : « ... Ma « joie a été troublée par la nouvelle de l'affaire des sieurs « Dupuis et Gazeau. Il est honteux que des volontaires « s'égorgent lorsque l'ennemi est à deux pas de nous [1]... »

Nous croyons donc que Beaurepaire n'a pas employé la soirée du 1er septembre, la dernière de sa vie, dans une chambre solitaire, à philosopher sur la mort.

« Après remise de la lettre à l'officier parlementaire, dit « Mondon [2], M. de Beaurepaire quitta la chambre des déli- « bérations ; il était presque nuit. Il y rentra vers dix heures « et demie du même soir, 1er septembre. Plusieurs sous- « officiers et moi-même étions dans la première chambre, « au haut du grand escalier, servant alors, comme aujour- « d'hui, de prétoire au tribunal de commerce et à la jus- « tice de paix. A son arrivée nous étions étendus sur les « banquettes ; nous nous levâmes, et il nous fit signe de la « main de demeurer à nos places, nous disant : restez, « restez... ». Le sergent Benoît Petit et cinq de ses camarades, de service à l'Hôtel de Ville dans la nuit du 1er au 2 septembre, ont déclaré au juge de paix chargé de dresser procès-verbal de la mort de Beaurepaire « qu'environ les « deux heures et demie du matin de ce jour (2 septembre), « M. Beaurepaire, commandant en cette place, est monté « dans la chambre où il était avec les autres sous-officiers « de la place, à côté de l'escalier, à droite, et leur a dit qu'il « allait prendre une heure de repos, et les a engagés à « l'éveiller dans une heure, et s'est retiré aussitôt dans la « seconde chambre ensuite de celle où il était [3]... » —

[1] Lettre de Beaurepaire à son neveu François-Florimond Guérin, 8 juin 1792. Cette lettre, et plusieurs autres que nous citerons plus loin, nous ont été communiquées à Angers par M. André Guérin.

[2] *Notice* inédite.

[3] Procès-verbal de la mort de Beaurepaire dressé, le 2 septembre 1792, vers 6 heures du matin, par le juge de paix Louis Perrin.

« ... J'ignore, dit Ybert [1], ce que fit Beaurepaire après le « départ du parlementaire ; mais je suis certain qu'il est « rentré à deux heures du matin, le lendemain, à la maison « commune où il avait un appartement... » — « ... Ce « commandant rentra chez lui dans la nuit du 1er au 2 sep- « tembre, après avoir soupé à l'auberge ; il donna la consigne « au factionnaire de ne laisser entrer personne dans le « vestibule, et s'enferma dans sa chambre [2] ... » — « ... Le Conseil de défense, dit Lemoine [3], se sépara vers « six heures du soir... Alors chacun alla au poste qui « lui avait été confié ; le commandant Beaurepaire rentra « dans son appartement pour y donner des ordres et, après « avoir pris quelque nourriture, il partit accompagné de « deux officiers pour visiter tous les postes et s'assurer des « dispositions de l'esprit des troupes, qu'il trouva assez « bon ; mais il n'en était pas de même de la garde nationale « qui avait déjà abandonné les remparts. Beaurepaire « rentra vers minuit dans son appartement, dit aux offi- « ciers et à son domestique de se retirer, qu'il avait besoin « de se reposer ; il ordonna même à la sentinelle qui était « à la porte de sa chambre à coucher de ne laisser entrer « personne jusqu'au jour ; il se mit comme à son ordinaire « dans un fauteuil, ayant constamment ses pistolets « d'arçons chargés et placés sur sa table... »

Il est probable que Beaurepaire a employé sa soirée à donner des ordres, à dîner et à visiter les postes. Ce n'est pas sensationnel, mais conforme aux circonstances et à son caractère.

Rentré dans son appartement entre dix heures et demie du soir et deux heures et demie ou trois heures du matin, il ne

[1] *Pétition d'Ybert*, p. 11 (note).

[2] *Narrateur de la Meuse*, 11 avril 1806, n° 138. L'auteur de cet article anonyme dit qu'il habitait Verdun au moment du siège et qu'il en a connu les circonstances.

[3] *Rapport de Lemoine au roi*, 15 janvier 1835.

songeait probablement qu'à prendre du repos. Il venait, si nous croyons son aide-de-camp Desmazières, de passer quatre nuits sans se coucher [1].

Un quart d'heure après qu'il fut rentré dans sa chambre, dit Mondon ; une demi-heure après, disent les plantons de service, Neyon et Cavaignac; une heure, suivant Ybert, on entendit une détonation.

Le sergent Benoît Petit et ses cinq camarades, de service dans la seconde pièce après la chambre de Beaurepaire, inquiets au bruit de ce « coup de fusil », mirent la tête à la fenêtre pour découvrir d'où il provenait. La fenêtre donnait sur la cour intérieure de l'Hôtel de Ville. Ils aperçurent dans cette cour un officier municipal et lui demandèrent s'il savait d'où provenait ce « coup de fusil ». Il répondit qu'il l'ignorait. Les plantons et l'officier municipal firent alors quelques recherches, dont la durée et la nature ne sont pas précisées. N'ayant rien découvert, les plantons « informèrent « l'officier municipal que M. Beaurepaire, commandant en « cette place, était couché dans une chambre voisine et « l'engagèrent à aller à la chambre où il était, voir si ce « coup n'était point parti de chez lui, qu'ils s'y rendirent « ensemble, et qu'après avoir frappé différentes fois, sans « avoir pu obtenir l'ouverture de la porte, l'officier muni- « cipal prit sur lui, à leur invitation, d'ouvrir la porte de « cette chambre, et qu'ayant aperçu le cadavre du dit sieur « Beaurepaire gisant par terre, ses pistolets à côté de lui, « et la chambre remplie de fumée de poudre, ils se sont « retirés avec l'officier municipal, qui est tout ce qu'il a « dit savoir [2]... »

[1] Desmazières à son père, 3 septembre 1792. *Affiches d'Angers*, 6 septembre 1792. Desmazières a quitté Beaurepaire dans l'après-midi du 31 août. Il est certain que Beaurepaire ne s'est pas reposé dans la nuit du 31 août au 1er septembre, nuit du bombardement.

[2] Déposition du sergent Benoît Petit, confirmée par ses cinq camarades et faisant suite au procès-verbal du décès de Beaurepaire par le juge de paix Perrin.

Qui arrachera son secret à cette tombe ?

Dans une place assiégée, agitée des passions les plus diverses, enfiévrée par l'attente, tout le monde a l'attention tendue sur les faits et gestes du gouverneur, sur celui qui dispose du droit de vie ou de mort des citoyens et de la cité elle-même. La mort violente d'un tel personnage est un événement capital, et on pourrait croire qu'une semblable nouvelle, même au milieu de la nuit, fit en un clin d'œil le tour d'une petite ville comme Verdun, et provoqua sur-le-champ des mesures officielles et l'attroupement des curieux. Il n'en fut rien.

Vers les six heures du matin, arrivèrent un juge de paix, deux officiers municipaux et un chirurgien requis par le commissaire des guerres Pichon pour dresser le procès-verbal du décès. Il y avait trois heures au moins que Beaurepaire était mort, et sept heures peut-être si l'événement s'est passé à onze heures du soir.

Le juge de paix constata l'identité du cadavre sans y attacher beaucoup de soin puisqu'il qualifie Beaurepaire de « premier lieutenant-colonel au bataillon de Seine-« et-Marne ». Le cadavre était « couché tout de son long « sur le plancher, couvert d'un habit de garde national, « avec une croix de Saint-Louis, une veste de basin blanc, « culotte de peau et botté, ceint d'une épée, deux pis-« tolets à côté de lui... » Dans ses poches, on trouva de l'argent, dont le compte est établi, une montre, une clef, et un portefeuille contenant une lettre de service, signée de Ligniville, qui fut remise à la place, et des papiers de famille qui auraient été déposés au greffe de la justice de paix, après avoir été cotés et paraphés [1].

On voit qu'il n'est pas question d'une lettre à Brunswick. Quant aux papiers de famille, dont le nombre et la nature ne sont pas précisés, nous n'en avons pas retrouvé trace,

[1] Procès-verbal du juge de paix Perrin.

à notre regret. Car on pourrait croire que Beaurepaire s'est suicidé s'il y avait dans ses papiers un dernier adieu pour sa femme, qui était à Joué-Étiau, pour son fils, au collège des Oratoriens de Vendôme [1] ; une dernière recommandation à ses chers volontaires de Maine-et-Loire. « Nous fîmes aussitôt des recherches dans ses papiers, « dit Lemoine [2], pour nous assurer s'il avait laissé quelques « notes pour sa famille, pour moi ou pour quelqu'autre « personne. Mais nous ne trouvâmes rien, absolument « rien qui pût faire penser qu'il s'était préparé à cette « catastrophe... »

Sur l'invitation du juge de paix Perrin, le maître-chirurgien Pierre-Charles Lespine, après avoir fait visite et examen du cadavre, « a dit et rapporté qu'il avait trouvé « le menton, les deux mâchoires tant supérieure qu'in-« férieure, la moitié du front et tout le côté droit de la « tête enlevés, le crâne ouvert et la moitié du cerveau « emporté, dont on a trouvé plusieurs morceaux de chair « et d'os épars dans la chambre ; que cette mort a été « occasionnée par deux coups de pistolets que l'on a trouvés

[1] Mérat (pp. 55 et 57, note) a cru que Beaurepaire habitait à Verdun, dans la ville haute, avec sa femme et son enfant. Il s'appuie sur un passage (p. 26) des *Réminiscences* du prince royal de Prusse, qui raconte une anecdote à ce sujet.

Le Dr Lachèze (*Observations médico-légales sur la mort de M. de Beaurepaire ... Revue de l'Anjou et du Maine*, 1860, II, pp. 321-334) a reproduit cette hypothèse.

Il est possible que Beaurepaire eût un logement dans la ville haute et n'ait pris une chambre à l'Hôtel de Ville qu'au moment du siège, pour être à portée des événements. Mais, d'après des documents qui nous ont été communiqués à Angers par M. André Guérin, il paraît avéré que Mme Beaurepaire n'a pas quitté à ce moment-là Joué-Étiau.

Quant à son fils unique, Stanislas-Joseph (mort à Joué-Étiau en 1855), il était alors au collège des Oratoriens, à Vendôme, comme le constate une délibération du 15 septembre 1792 du directoire du district de Vendôme.

[2] *Rapport de Lemoine au roi*, 15 janvier 1835.

« déchargés à côté du cadavre ; qu'il n'y a point de doute « que ce ne soit le dit sieur Beaurepaire qui se soit donné « la mort, ayant trouvé une quantité prodigieuse de sang « répandu à côté de lui, qui a jailli jusqu'au plafond et « après la boiserie de ladite chambre et sur le matelas « qui s'y trouve [1]... »

Ces constatations faites, le juge de paix, procédant à l'information des causes et circonstances de la mort du défunt, interrogea les six plantons militaires. Nous avons reproduit leur déposition.

Il est singulier que le juge de paix se soit contenté d'interroger le sergent Benoît Petit, puis de lire sa déposition aux cinq autres témoins, en leur demandant s'ils n'avaient rien à y ajouter ni diminuer. La valeur de leurs témoignages nous semble atténuée et réduite à un seul.

Il est encore plus singulier que l'officier municipal qui avait accompagné les plantons dans leurs recherches n'ait pas été invité à déposer, que son nom ne soit même pas mentionné au procès-verbal. Quatre noms ont été cités depuis : Georgia [2], Devaux (membre du district), Devaux (greffier-archiviste [3]), et Mondon fils [4].

Le nom de Georgia se trouve dans le mémoire des corps administratifs de Verdun sur les événements du siège et de la capitulation et rédigé par le maire Caré. On y lit : « ... Lorsque dans la nuit, vers trois heures du matin, « un officier municipal, M. Georgia l'aîné, se promenant « dans la cour de la maison commune, entendit le bruit « d'une arme à feu, il questionna la garde du poste de la

[1] Procès-verbal du juge de paix Perrin.

[2] *Mémoire des corps administratifs sur le siège et la capitulation de Verdun.* Arch. hist. du Ministère de la Guerre, carton septembre 1792. — Deslcozières, *Recherches*. ...Chuquet, *La première invasion prussienne*, p. 245. — Pionnier, pp. 204 et seq.

[3] Mérat, p. 55 (note).

[4] Dufour. — Pionnier, pp. 204 et seq.

« dite maison et les factionnaires lui dirent qu'ils pensaient « que le coup était parti d'un appartement de la maison « commune; il se fit conduire partout et parvint dans la « salle où étaient placés les plantons de M. Beaurepaire « qui lui apprirent qu'il était rentré à une heure du matin « et qu'ils croyaient que le bruit d'arme à feu partait de « la chambre qu'il occupait ; il frappa à la porte, l'ouvrit « et fit entrer les plantons les premiers qui trouvèrent « M. Beaurepaire sans vie, ses pistolets à la main à côté « de lui. M. Georgia en apporta aussitôt la nouvelle aux « administrateurs qui dormaient ; on fit avertir sur-le-« champ M. Lombard de se rendre à la maison commune ; « il ne fut pas moins touché de la mort d'un brave homme « qui s'était mérité l'estime et la confiance des habitants « de Verdun autant que de son bataillon et de ses cama-« rades ; le conseil de guerre s'assembla. Le genre et les « circonstances de la mort de M. Beaurepaire furent cons-« tatés par le procès-verbal d'un commissaire de guerre « et d'un juge de paix... »

On retrouve le nom de Georgia dans la notice de Mondon, telle que l'a publiée M. Desclozières en 1887, et il est curieux que Mondon ne parle pas de ce même Georgia dans sa notice originale, où il s'exprime ainsi : « ... Environ un « quart d'heure après que M. de Beaurepaire fut entré « dans la chambre des délibérations, nous entendîmes une « forte détonation. Nous passâmes dans cette chambre et « ne vîmes rien. Mais dans le cabinet à la suite nous trou-« vâmes M. de Beaurepaire étendu sur le plancher, le haut « de la tête fracassé, des pistolets à côté de lui, et l'em-« preinte de deux balles au plafond ; il nous fut évident qu'il « s'était suicidé. Notre premier soin fut pour moi de pré-« venir les autorités civiles et, de la part des militaires « d'avertir leurs chefs. Je ne puis dire ce qui se passa chez « les unes et les autres autorités, mais la stupéfaction fut si « grande qu'il ne fut, à ma connaissance et participation,

« dressé aucun procès-verbal de ce triste événement, « ni par conséquent aucune description des lieux et des « circonstances, ni recueilli aucun témoignage, principale- « ment des militaires qui, comme moi, avaient vu rentrer « M. de Beaurepaire. J'ai même récemment vérifié qu'il « ne fut dressé aucun acte de décès par l'autorité ecclésias- « tique, seule encore chargée de la tenue des registres de « l'état-civil... »

On est frappé des contradictions qui existent entre les dépositions des plantons au juge de paix et les récits de Caré et de Mondon.

D'après le procès-verbal du juge de paix, les plantons, avant d'entrer dans la chambre de Beaurepaire, auraient fait des recherches dans l'Hôtel de Ville avec un officier municipal. Le maire Caré rapporte que cet officier municipal fit ses recherches avec des factionnaires du poste de police, et non pas avec les plantons.

Mondon prétend qu'on entra dans la chambre de Beaurepaire immédiatement après le coup de feu. Il ne parle ni de perquisitions dans l'Hôtel de Ville, ni de la présence d'un officier municipal qu'il aurait certainement connu. En disant qu'il se chargea d'aller prévenir les autorités civiles, il s'attribue le rôle que le maire prête à Georgia, et il est à remarquer que Mondon, quand il écrivit sa notice en 1842, ne connaissait pas le mémoire de Caré puisqu'il aurait appris, par ce mémoire, qu'un procès-verbal des faits avait été dressé.

Il y a évidemment une coïncidence digne de remarque dans la présence, à trois heures du matin dans la cour de l'Hôtel de Ville, juste au moment de la mort de Beaurepaire, d'un officier municipal qu'on ne peut identifier.

La curiosité est éveillée par les récits contradictoires des plantons, du maire Caré, de Mondon ; par l'ignorance de Mondon sur les procès-verbaux et interrogatoires du juge de paix ; par sa déclaration postérieure au sujet de Georgia.

HÔTEL DE VILLE DE VERDUN-SUR-MEUSE

PLAN DU PREMIER ETAGE

Rue de l'Hôtel de Ville

Chambre de Mondon Secrétaire du district

Terrasse au-dessus du porche d'entrée

Chambre où Beaurepaire fut trouvé mort

Salle des délibérations du Conseil défensif

Bureaux des corps administratifs

Cour d'entrée

Prétoire

Salle où se tenaient les Secrétaires et Plantons

Petit escalier

Bureau du Maire

Grand escalier

Grand Salon

Jardin de l'Hôtel de Ville

G. GRASSIN. ANGERS. 4. 11.

Néanmoins il n'existe jusqu'à présent aucune preuve pour accuser de complicité Georgia, Devaux ou Mondon, ce dernier surtout n'étant pas et n'ayant jamais été officier municipal.

L'oubli du juge de paix d'interroger ce témoin, quel qu'il soit, n'en est pas moins regrettable.

Il n'interrogea pas non plus les soldats du corps de garde auxquels, suivant le récit de Caré, s'était adressé l'officier municipal, qui l'avaient accompagné dans ses recherches et conduit dans la chambre des plantons. Ce corps de garde se tenait au rez-de-chaussée, près du porche d'entrée, dans une pièce au-dessus de laquelle est une terrasse. La chambre de Beaurepaire avait deux portes, l'une commandée par la salle des délibérations du Conseil et l'autre ouvrant directement sur la terrasse. A l'autre extrémité de la terrasse est une porte symétrique à celle de la chambre de Beaurepaire, et par laquelle on rentre dans l'aile opposée du bâtiment. Cette terrasse a une balustrade assez haute et des piliers assez rapprochés pour qu'un homme, en se baissant, puisse la traverser sans être vu, surtout la nuit. Si un assassin a pénétré dans la chambre de Beaurepaire, c'est par la terrasse, et il serait sorti par la même voie. Les hommes de garde auraient peut-être entendu marcher au-dessus de leurs têtes. Aucun ne fut questionné.

Lemoine, dans son rapport du 15 janvier 1835, n'a pas oublié cette particularité. « J'interrogeai, dit-il, le secré- « taire, le domestique et le soldat qui était en faction à la « porte (de Beaurepaire) au moment de la détonation du « pistolet. Ce dernier me déclara avoir entendu marcher « sur la terrasse et ouvrir la porte de la chambre où repo- « sait le commandant et, après la détonation, il entendit « encore fermer cette même porte et marcher sur la ter- « rasse avec précipitation et se dirigeant vers l'appartement « où étaient en permanence les membres de la munici- « palité. Cet appartement avait également une porte par

« laquelle on communiquait sur cette terrasse et, par con-
« séquent, avec l'appartement du commandant Beaure-
« paire. Nous fîmes aussitôt des recherches dans ses papiers.
« Mais nous ne trouvâmes rien, absolument rien qui pût
« faire penser qu'il s'était préparé à cette catastrophe
« Aussi je déclare hautement que je n'ai jamais pu ployer
« ma raison jusqu'à croire que cette mort fût l'effet d'un
« suicide. Beaurepaire perdit donc la vie, le 2 septembre,
« vers 2 heures du matin... »

Par sa précision et par la personnalité de Lemoine, ce témoignage pourrait faire croire à l'assassinat de Beaurepaire. Mais les partisans du suicide le récusent pour plusieurs raisons.

Ils opposent d'abord au rapport du 15 janvier 1835, rédigé quarante-deux ans après les événements, une lettre écrite par le même Lemoine aux administrateurs de Maine-et-Loire, le 10 septembre 1792, huit jours après le drame. Cette lettre, qu'on trouve aujourd'hui aux archives départementales de Maine-et-Loire [1], est de la main d'un scribe, signée par Lemoine, et présente tous les caractères d'authenticité. Grille l'a reproduite avec quelques altérations insignifiantes de texte [2]. Lemoine y raconte ainsi la mort de Beaurepaire : « ... Il se retira dans sa chambre avec
« toutes les pièces pour réfléchir au parti qu'il avait à
« prendre, et c'est après avoir jugé qu'il ne pouvait plus
« rien, que ses efforts allaient devenir nuls, qu'il a ter-
« miné une vie qui nous avait toujours été utile et qui nous
« serait très précieuse aujourd'hui. Je pleure la perte d'un
« si grand homme, et tous ceux qui l'ont connu ne pourront
« lui refuser des regrets. Sa mort fut l'anéantissement de
« l'énergie du Conseil défensif. On accepta les offres, et
« l'ennemi s'empara de la place. Nous étions désespérés

[1] L 585, 1.

[2] Grille, II, 300-303.

« de tout ce qui se passait ; la douleur que les volontaires « éprouvaient, la peine que leur faisait une telle catas- « trophe me firent craindre la dissolution du bataillon. « A force de prières, je le ramenai à ses devoirs et nous par- « tîmes de Verdun avec nos armes et les restes précieux « de notre infortuné commandant... » A notre avis, Lemoine a rédigé ce passage avec une grande habileté et une réserve voulue, et ses périphrases sur la façon dont ce grand homme « a terminé sa vie » ne sont-elles pas à double sens, et définissent-elles nettement un suicide ? N'oublions pas que les gens avisés se tenaient, à cette époque, sur une grande réserve en paroles, en écrits et en actes ; il n'en était plus de même en 1835.

La seconde objection qu'on fait au témoignage de Lemoine est que plusieurs passages de son rapport du 15 janvier 1835 seraient manifestement erronés. L'objection n'est pas sans fondement. Lemoine dit qu'il n'a pas participé à la capitulation, et sa signature figure sur la délibération du 2 septembre du Conseil défensif, tendant à capituler. Il dit s'être renfermé avec le bataillon dans la citadelle de Verdun, y avoir été bombardé jusqu'au 3 septembre et en être sorti le 4 au matin avec tous les honneurs de la guerre et emmenant le corps de Beaurepaire, quand il est avéré que le bataillon a quitté Verdun dans la soirée du 2 septembre, que l'inhumation de Beaurepaire a eu lieu le 3 septembre à Sainte-Menehould et que la signature de Lemoine figure au procès-verbal d'inhumation [1]. Ces inexac-

[1] Il se pourrait cependant que l'arrière-garde de la garnison de Verdun ait quitté la citadelle le 3 septembre seulement. (Voir la lettre du caporal Davril, datée de Sainte-Menehould 4 octobre an IV, et publiée par Camille Bourcier (*Revue de l'Anjou*, t. VI, p. 327) et par le commandant 'Jeanson (*Revue de l'Anjou*, livraison novembre 1909, p. 343.) Cette arrière-garde semble avoir été faite par un détachement du 1er bataillon de Maine-et-Loire où se trouvaient Delaâge et peut-être Lemoine. Ainsi Lemoine a pu n'arriver à Sainte-Menehould que dans la nuit du 3 au 4, ou dans la matinée du 4, et signer à ce

titudes enlèvent de la valeur au mémoire du 15 janvier 1835, mais nous croyons qu'elles ne doivent pas le faire récuser dans son entier. Celui qui l'examine sans parti pris remarquera que tous les faits rapportés par Lemoine dans son mémoire, jusqu'à l'évacuation de Verdun, sont parfaitement exacts ; il peut en être de même de sa version sur la mort de Beaurepaire. Dans le doute où nous restons, on ne regrette que plus vivement la discrétion du juge de paix Perrin.

La porte de la chambre de Beaurepaire, ouvrant sur la terrasse, se fermait en dedans par deux crochets de fer. L'attention du juge de paix ne se porta pas sur cette disposition spéciale.

Le chirurgien prétend que la mort a été occasionnée par « deux coups de pistolets que l'on a trouvés déchargés « à côté du cadavre ». Les six plantons n'ont entendu qu'un coup de feu ; ils le répètent à plusieurs reprises. Ce coup de feu était violent, il est vrai, puisqu'ils ont cru à un coup de fusil. Mondon parle d'une forte détonation ; Lemoine et Ybert d'un coup de pistolet ; Caré du bruit d'une arme à feu ; Neyon et Cavaignac d'un coup de feu. Le chirurgien est seul à parler de deux coups de pistolets. Pour les expliquer, il faudrait que Beaurepaire, ou l'assassin, ait pressé simultanément les détentes, et si Beaurepaire a accompli lui-même cette horrible exécution, il lui a fallu l'usage de ses deux mains, vu le poids et le volume des pistolets d'arçon. C'est là où le juge de paix pouvait faire bien des remarques pour reconstituer la scène de mort.

Dans une enquête de ce genre on vérifie si les armes ont été déchargées récemment, en faisant feu ou avec un tire-bourre. On examine la position relative du cadavre et des

moment le procès-verbal d'une inhumation faite la veille. Cette partie de son mémoire manque de précision mais ne doit pas être rejetée sans examen.

Hôtel de Ville de Verdun-sur-Meuse
On voit, ouvrant sur la terrasse, la porte de la chambre où Beaurepaire fut trouvé mort

armes après leur chute. Le magistrat de Verdun n'entre dans aucun de ces détails. Il signale seulement qu'il y avait deux pistolets « à côté » du cadavre, et il enregistre la vague déclaration du chirurgien qui parle de deux pistolets « que l'on a trouvés déchargés à côté du cadavre », et celle des six plantons qui ont vu le cadavre « gisant par terre, ses pistolets à côté de lui ». Mondon aurait vu « des pistolets » à côté du cadavre et, d'après Caré, Georgia trouva « Beaurepaire sans vie, ses pistolets à la main, à côté de lui ».

Or, si nous croyons Lemoine [1], Beaurepaire en rentrant dans sa chambre, dans la nuit du 1er au 2 septembre, « se « mit comme à son ordinaire dans un fauteuil, ayant cons- « tamment ses pistolets d'arçon chargés et placés sur la « table... ». On peut admettre cette hypothèse parce que Lemoine, après un an de vie commune, en cantonnements et en routes, pouvait connaître les habitudes d'un camarade. Or, si un assassin a tué Beaurepaire en prenant l'un ou les deux pistolets déposés sur la table, il a eu le temps, son crime commis, de disposer les armes près du cadavre et de préparer une mise en scène avant de se retirer. Car il s'écoula du temps entre le moment où fut entendue la détonation et l'arrivée des plantons et de l'officier municipal dans la chambre du commandant. On avait fait des recherches dans l'Hôtel de Ville avant d'aller voir à l'appartement de Beaurepaire, on frappa à la porte avant d'entrer. L'assassin avait pu s'esquiver par la terrasse.

Le magistrat n'a pas cherché non plus ce qu'était devenu le projectile, s'il y en avait plusieurs, si on voyait leurs traces au plafond ou sur les murs de la chambre. Étant donné que le chirurgien a constaté que le cadavre avait « le menton, les deux mâchoires tant supérieure qu'in- « férieure, la moitié du front et tout le côté droit de la tête

[1] *Rapport de Lemoine au roi*, 15 janvier 1835.

« enlevés ; le crâne ouvert et la moitié du cerveau empor- « tée », on doit admettre que le coup de feu a été tiré de bas en haut. Si le magistrat avait relevé la trace des balles au plafond, dans un endroit correspondant avec la position du cadavre qui tomba foudroyé, il aurait pu en déduire que Beaurepaire s'est suicidé en se tirant un ou deux coups de pistolets sous la gorge. Cette constatation a été négligée.

Le chirurgien a bien dit « qu'il n'y a point de doute que « ce ne soit ledit sieur Beaurepaire qui se soit donné la « mort, ayant trouvé une quantité prodigieuse de sang « répandu à côté de lui, qui a jailli jusqu'au plafond et « après la boiserie de la dite chambre et sur le matelas qui « s'y trouve. » Cette conclusion bizarre ne suffit pas à nous convaincre que Beaurepaire se soit suicidé et même, comme on l'a prétendu[1], qu'il se tint debout pour se brûler la cervelle.

On sait, scientifiquement, que le jet de sang artériel provenant du dégagement de l'artère carotide pourrait atteindre $1^{m}50$ dans les conditions les plus favorables. Or, l'étage avait 4 mètres de hauteur. Il est donc certain, même en donnant à Beaurepaire la taille gigantesque de $1^{m}80$ au menton, que le sang qui a jailli au plafond ne provenait pas du jet artériel, mais qu'il y avait été porté par les projectiles et par les débris d'os et de chairs que l'on trouva épars dans la chambre. Et, comme le chirurgien a constaté que le sang avait aussi jailli « après la boiserie... et sur « le matelas », que rien ne dit si les taches du plafond étaient au-dessus du cadavre ou dans une direction oblique, on peut très bien croire que le coup de pistolet a été tiré de bas en haut, mais obliquement, comme l'aurait fait un assassin [2].

[1] Dommartin, pp. 96 et seq.

[2] Voir la discussion de Dommartin, pp. 96 et seq., et celle de Pionnier, pp. 199 et seq.

Mondon, voulant réfuter ces diverses objections, a écrit dans sa notice de 1842 : « ... J'ai dit que pour parvenir « au cabinet dans lequel le coup fatal se fit entendre il fallait « traverser une première salle dans laquelle plusieurs sous- « officiers de planton se trouvaient avec moi. Si nous avons « entendu rentrer M. de Beaurepaire nous eussions entendu « et vu entrer des étrangers. Ce ne fut donc pas par ce pas- « sage qu'on put parvenir jusqu'à lui.

« On a dit que ce cabinet avait une autre entrée sur le « balcon de l'Hôtel de Ville et qu'on avait aperçu deux « individus qui se sauvaient.

« Il est vrai que le cabinet a une issue sur le balcon ou « terrasse de l'Hôtel de Ville, mais la porte de cette issue « se fermait en dedans par deux forts crochets, comme « encore aujourd'hui, et rien ne justifie, même moralement, « que cette porte fût restée ouverte. D'ailleurs, on ne pou- « vait pénétrer sur le balcon que par cette porte et par une « porte parallèle dans l'autre aile du bâtiment, occupée « par les bureaux de l'administration du district. Or, ni « mon père, secrétaire en chef, ni moi son adjoint, n'aurions « laissé ouverte la porte d'entrée des bureaux, ni du côté « du petit escalier, ni du côté du balcon, après dix heures du « soir et dans un moment où tous les travaux étaient sus- « pendus. La garde des papiers nous était confiée, mon « père avait seul la clef de l'entrée des bureaux. L'on ne « peut donc raisonnablement nous attribuer, sans preuves, « aucune négligence.

« Dira-t-on que les assassins sont parvenus sur le balcon « par escalade pratiquée soit de la rue, soit de l'intérieur « de la cour ? Mais la garde de douze hommes, placée en « exécution de l'article 4 de la délibération du Conseil du « 29 août à la maison commune et dans le corps de garde « qui touche à la porte extérieure, sous le balcon même, ne « permet pas de croire qu'une tentative d'escalade ait été « faite d'aucun côté.

« Et si des étrangers eussent tenté l'assassinat, Beaure-« paire n'eût-il pas appelé à son secours les militaires qui, « un moment avant, l'avaient vu rentrer ? Ne se fût-il « pas servi, pour se défendre, de son épée trouvée sur lui « encore dans le fourreau ? N'eût-il pas pu ouvrir les fe-« nêtres qui éclairent ce cabinet sur la rue ? Le bruit d'une « lutte quelconque n'eût-il pas été entendu par mon oncle, « secrétaire de la ville, qui occupait l'appartement préci-« sément au-dessous du cabinet où le meurtre aurait été « commis ? Tout repousse donc l'idée d'un assassinat ; « tout se réunit, au contraire, pour prouver qu'il y a eu « suicide ; les pistolets déchargés trouvés à côté du cadavre ; « les trous formés au plafond par les deux balles, à distance « de six pouces environ l'un de l'autre (on voit encore « aujourd'hui que ce plafond, en cet endroit, à été raccom-« modé depuis peu d'années, à l'endroit où les deux trous « de balles ont existé pendant plus de vingt-cinq ans), et « enfin la direction de ces balles qui n'eussent point atteint « le plafond, car des mains coupables leur eussent donné « une direction horizontale ou à peu près... »

Nous ferons remarquer que cette rédaction primitive de Mondon diffère sensiblement de celle que lui prête M. Desclozières, et qui a été reproduite et commentée par M. Pionnier [1]. Quant au fait des empreintes de deux balles au plafond, M. Pionnier s'exprime ainsi [2] : « ... D'autres « témoins, dit-on, ont vu les deux projectiles. Quels sont « ces témoins ? Nous serions heureux de les connaître, « car nous pourrions les opposer à ceux qui ont vu, non « pas deux, mais un projectile, non pas dans le plafond, « mais dans le mur de l'ouest du cabinet occupé par Beau-« repaire... »

[1] Desclozières, *Recherche de la vérité*, pp. 40-41. — Pionnier, pp. 222 225.

[2] Pionnier, p. 209

Le doute persiste donc plus que jamais.

Entre la découverte du cadavre par les plantons et l'arrivée du juge de paix il s'écoula plusieurs heures. La déposition du sergent Benoît Petit est rédigée de telle façon qu'on peut se demander si le caporal et les deux factionnaires placés à l'une des portes de la chambre de Beaurepaire, pour en interdire l'accès aux curieux, y ont été placés immédiatement après la constatation de la mort de Beaurepaire, vers trois heures du matin, ou si cette précaution élémentaire n'a été prise que vers sept heures du matin, lorsque les plantons signèrent leur déposition devant le juge de paix. Le texte du procès-verbal porte en effet : « ... Ayant aperçu « le cadavre du dit sieur Beaurepaire gisant par terre, « ses pistolets à côté de lui et la chambre remplie de fumée « de poudre, ils (les plantons) se sont retirés avec l'officier « municipal, qui est tout ce qu'il a dit savoir ; et lecture « faite de sa déposition a signé, ajoutant qu'ils ont à l'ins- « tant fait mettre deux factionnaires et un caporal du corps « de la garde de l'Hôtel de Ville du bataillon d'Eure-et- « Loir à la porte du dit sieur Beaurepaire pour en défendre « l'entrée à personne. Signé : Benoît Petit. »

Mondon, qui prétend avoir accompagné les plantons, dit que chacun songea à aller prévenir ses chefs ; il ne parle pas d'une consigne donnée à des factionnaires.

Lemoine dit dans son mémoire : « ... Le 2 septembre, « à cinq heures du matin, lorsque le pont-levis de la cita- « delle fut baissé, on vint me prévenir que le commandant « Beaurepaire s'était brûlé la cervelle dans sa chambre « à coucher. Je courus à la maison de ville où je trouvai « le corps du commandant sans vie, horriblement mutilé « et baignant dans son sang par l'effet d'un coup de ses « pistolets qui se trouva déchargé et qui parut avoir été « tiré du côté de la face, ce qui lui enleva une partie de la « tête. Il était, quand j'entrai, entouré de plusieurs per-

« sonnes qui faisaient des commentaires sur cet événe-
« ment... »

D'après le mémoire des corps administratifs de Verdun, on pourrait croire aussi que le lieutenant-colonel Lombard s'est rendu sur les lieux. D'après Célestin Port [1], Delâage aurait relevé le cadavre de Beaurepaire. Un des Devaux, probablement le greffier-archiviste, déclarait en 1843 que, le 2 septembre 1792, il était arrivé au bruit de la détonation du pistolet et qu'il avait vu Beaurepaire ensanglanté, venant de se suicider.

Combien de personnes ont donc pénétré dans cette chambre, soit par la porte intérieure, soit par la porte de la terrasse où il n'est dit à aucun moment qu'on ait placé des factionnaires ?

Dans ces conditions, le juge de paix s'est peut-être rendu compte qu'il ne pouvait reconstituer les faits et a dressé un procès-verbal de pure forme. On ne peut supposer que ce magistrat ignorait les éléments de sa profession et la meilleure excuse de la réserve qu'il s'est imposée serait celle que nous venons de donner.

Quant à l'authenticité du procès-verbal, elle semble certaine. Cette pièce fut emportée par les alliés et ainsi sauvée de la destruction des archives verdunoises. C'est un hasard aussi heureux que celui auquel nous devons la conservation du cahier des délibérations du Conseil défensif. Déposé aux archives du Ministère de la Guerre à Berlin, ce procès-verbal fut longtemps perdu de vue. En 1836, Vistot, après avoir fait des recherches locales, écrivait [2] : « ... Je
« puis certifier que toutes les pièces relatives à cet évé-
« nement ont été détruites et que l'acte de décès du mal-
« heureux Beaurepaire, le procès-verbal de la levée de

[1] *Dictionnaire*..., art. Delâage.

[2] *Mémoire* manuscrit de Vistot, chap. x.

« son cadavre n'existent pas dans les archives de l'état-« civil de Verdun... » Nous avons vu que Mondon, en 1842, ne le connaissait pas ; Dufour ne l'a pas connu davantage. On savait cependant que ce procès-verbal avait été dressé. Cavaignac, sans pouvoir le reproduire, avait écrit dans son rapport [1] : « ... Le juge de paix fut appelé « pour dresser procès-verbal d'un événement aussi triste « qu'inattendu ; un chirurgien certifia, par une vérifi-« cation la réalité du suicide... » Le mémoire des corps administratifs de Verdun [2], rédigé par le maire Caré, mentionne aussi que « ... le genre et les circonstances « de la mort de M. Beaurepaire furent constatés par « procès-verbal d'un commissaire des guerres et d'un juge « de paix... » Mais personne n'avait retrouvé la trace de la pièce égarée. Mérat, en 1849, est le premier qui l'ait remise en lumière [3]. On en possède, aux archives du dépôt de la guerre [4], une copie qu'on tient pour véritable.

Ce document authentique, mais incomplet, et sans doute volontairement incomplet, a été publié et commenté plusieurs fois. A notre avis, personne n'en tirera jamais une démonstration du suicide ou de l'assassinat de Beaurepaire. En se transportant sur les lieux, en le disséquant au point de vue « médico-légal », on constate combien de choses y manquent, qui auraient pu être dites. On le regrette mais on ne fera pas dire à ce procès-verbal autre chose que ce qui fut mentionné par son auteur ; tout le reste n'est qu'hypothèses. Et c'est ainsi que MM. le Dr Lachèse [5],

[1] *Rapport de Cavaignac*, p. 15.

[2] *Mémoire des corps administratifs relatifs au siège et à la capitulation de la ville.* Arch. du Ministère de la Guerre, carton septembre, 1792.

[3] Mérat, pp. 56-59.

[4] Carton septembre 1792.

[5] *Observations médico-légales sur la mort de M. de Beaurepaire, commandant du 1er bataillon des volontaires de Maine-et-Loire.* (*Revue de l'Anjou et du Maine,* année 1860, t. VI, pp. 321-324).

de la Sicotière [1], Dommartin [2], Pionnier [3], Sainctelette [4] en ont déduit des conclusions contradictoires, et cependant acceptables.

Les traditions locales seraient ici plus concluantes que les documents officiels et, dans le cas particulier, ne sont pas négligeables.

On a écrit que les noms des assassins de Beaurepaire sont connus à Verdun, et cependant personne n'a jamais précisé une aussi grave accusation.

Des correspondants de l'*Intermédiaire des chercheurs et des curieux* écrivaient, en 1864 [5] : « ...M. l'abbé Clouet « s'est beaucoup occupé de l'histoire de Verdun, qu'il « habite, et sans doute cette question (suicide ou assas- « sinat) pourrait être résolue par lui. » — «... Le docteur « Lachèse, qui a recueilli, je le sais, de nouveaux renseigne- « ments très précis, hésite à compléter son travail sur une « question qui soulève, paraît-il, des passions encore très « vivantes à Verdun où l'on ne se fait pas faute de dési- « gner publiquement les meurtriers. Une histoire de cette « ville, et en ce moment, je crois, sous presse, doit du reste « se montrer plus hardie et entrer dans des détails circons- « tanciés. »

A notre connaissance, l'abbé Clouet n'a rien laissé sur cette question que la curieuse note de la main de son père, dont nous allons parler ; le Dr Lachèse n'a pas complété ses *Observations médico-légales ;* quant à l'histoire de

[1] Lettres publiées dans *L'Amateur d'autographes*, 1er novembre 1862, et *L'Intermédiaire des chercheurs et des curieux*, 1864, p. 206.

[2] Dommartin, pp. 90 et seq.

[3] Pionnier, pp. 193 et seq.

[4] Sainctelette, pp. 11 et seq.

[5] L'*Intermédiaire*, 1864, pp. 314,326, articles anonymes signés H. I. et C. P. P.

Verdun, sous presse en 1864, c'est peut-être une allusion à un prospectus imprimé[1] annonçant une Histoire de Verdun, par Ch. Buvignier, et un mémoire sur le siège de Verdun en 1792, par A. Cartier. Ces deux études n'ont pas paru.

Tout récemment enfin, M. Pionnier a écrit : « ...Nous « n'étonnerons personne en proclamant que l'immense « majorité des Verdunois a toujours cru à l'assassinat. « C'est une tradition que les familles se transmettent de « père en fils, sauf dans quelques rares milieux où l'opinion « contraire est en honneur pour des raisons très com- « préhensibles, et qu'il est inutile de préciser... [2] »

Il est certain que la version de l'assassinat de Beaurepaire ne date pas, comme on l'a dit [3], du rapport de Lemoine en 1835. Il y a toujours eu à Verdun des gens qui l'ont admise.

On se demandera immédiatement pourquoi ces gens n'ont pas parlé, comment un pareil secret fut si bien gardé, au cours des enquêtes faites à Verdun par les représentants du peuple, qu'il n'en fut jamais question. C'est, à notre avis, une objection très sérieuse.

On peut cependant admettre qu'un tel crime prémédité, exécuté avec la complicité d'autorités civiles et militaires, a pu être dissimulé longtemps. C'est ainsi que les volontaires de Maine-et-Loire, qui partirent le soir même et ne revinrent jamais à Verdun [4], ne l'ont pas soupçonné.

[1] Biblioth. de Verdun. *Recueil factice de pièces verdunoises*, J. 2564.

[2] Pionnier, p. 230. Ces lignes sont en italiques dans le texte, pour en souligner la portée.

[3] Notamment dans un article : *Beaurepaire* (1740-1792), par Pèdre Lafabrie. *Revue littéraire*, avril 1891 (supplément mensuel au journal l'*Univers*), p. 59.

[4] Après la campagne de l'Argonne et Valmy, une partie de l'armée (Kellermann) suivit la retraite des Prussiens et repassa par Verdun.

Quand on fit les premières enquêtes, Verdun avait été pendant six semaines occupé par les Prussiens, isolé du reste de la France, livré à d'autres préoccupations. Des témoins, des procès-verbaux, des pièces d'archives avaient disparu. Une légende officielle, imposée à toute la France, voulait que Beaurepaire se fût tué en plein Conseil pour donner un exemple de patriotisme. Cavaignac, souvent mal renseigné, très prudent dans certaines conclusions de son Rapport, fut très audacieux d'écrire que Beaurepaire aurait dû se faire tuer sur la brèche plutôt que de se suicider dans une chambre solitaire. Il en savait peut-être davantage. Les autres représentants du peuple ne s'occupèrent que de délits politiques, de l'épuration de Verdun, des mesquines passions du jour. La terreur régnant, chacun gardait ses secrets. A tout prendre, combien de gens ont disparu sans laisser de traces, combien d'assassinats sont restés impunis à cette époque de troubles !

Puis, le temps ayant atténué les passions, la terreur oubliée, la sécurité revenue, on parla de ce qui s'était passé, et les premiers chercheurs recueillirent les témoignages des anciens.

Dans son mémoire manuscrit et inédit, daté de 1836, Vistot, après un exposé très clair et impartial de la question, écrivait : « ...Quelques personnes recommandables de « Verdun ont été jusqu'à m'affirmer qu'on avait aperçu « deux individus qui se sauvaient, au moment où Beau- « repaire cessait d'exister... » Mondon, dans sa notice de 1842, répondait à cette assertion : « ...On a vu, dit-on, « deux hommes s'enfuir au moment où Beaurepaire cessait « d'exister ! Quels étaient-ils : bourgeois ou militaires? « Qui les a vus sortir du logement de Beaurepaire? Par

L'autre partie (Dumouriez) descendit vers la Belgique. Le 1er bataillon de Maine-et-Loire suivit Dumouriez. « On craignait que de renvoyer nos volontaires à Verdun ne fût l'occasion de quelques rixes... » Grille, III, 77.

« où sont-ils sortis? Où se sont-ils dirigés : est-ce dans l'inté-
« rieur de l'Hôtel de Ville, ou dans la rue qu'on les a
« aperçus courant? Est-ce précisément au moment de la
« détonation qui serait l'instant du terme de la vie de Beau-
« repaire, ou quelques minutes après, qu'on les a vus courir?
« A quels signes certains a-t-on pu les reconnaître pour
« assassins? Qui répondra à ces questions? Et cependant
« il faut leur donner des solutions raisonnables et palpables
« pour établir qu'ils venaient de commettre le crime!
« Propos vagues, irréfléchis, fruits de la prévention, comme
« on en trouve dans toutes les procédures qui suivent des
« événements tragiques dont la cause est pour le moment
« inconnue ; les greffes des tribunaux en fourniraient mille
« preuves. Non et mille fois non. Non, il n'y a pas eu
« d'assassinat... »

Dufour, reprenant, en 1842, le même sujet, a écrit dans son mémoire : « Puisant aux mêmes sources (que Vistot),
« il était de toute nécessité que nous recevions les mêmes
« renseignements ; il nous a même été ajouté que de deux
« assassins supposés l'un aurait servi depuis, serait mort
« lieutenant-colonel ; l'autre existerait peut-être encore.
« L'opinion d'un citoyen notable ne meurt pas avec lui,
« ses pensées lui survivent et acquièrent sur sa tombe
« cette force que la tendance humaine donne aux choses
« de la terre. Il est dans la religion de l'homme d'épouser
« la pensée de ses pères[1]... »

Ces dernières réflexions philosophiques assez vagues nous font croire que Dufour reproduisait l'opinion de Christophe Buvignier, un des notables de la période révolutionnaire à Verdun.

En effet, nous avons eu sous les yeux une note manuscrite

[1] Dufour, p, 125. Ce passage est suivi d'une longue discussion qui conclut au suicide. Voir (Pionnier, p. 182, note) l'opinion de Ch. Buvignier sur cette partie du mémoire de Dufour.

et parfaitement authentique de François Clouet, ancien conservateur de la bibliothèque de Verdun. Dans cette note, François Clouet dit qu'il a reçu, le 3 août 1843, à la bibliothèque de Verdun [1], la visite de M. Devivier et du colonel du génie en retraite Petitot. On a parlé de la mort de Beaurepaire. Le colonel Petitot a raconté qu'il y a cinq ans environ un général, qu'il croit être le général de Clermont-Tonnerre, en inspection à Verdun, aurait dit que Beaurepaire ne se serait pas suicidé, mais aurait été assassiné. Ce général, alors émigré, faisait partie de l'armée prussienne en 1792 ; il avait eu connaissance du fait parce qu'il était venu comme parlementaire de S. M. prussienne pendant le siège. M. Petitot ajoutait que feu M. Buvignier père savait cela, mais n'avait voulu nommer personne parce que l'un des assassins vivait encore, version admise par l'auteur d'un récent Mémoire [2]. Le même jour, continue François Clouet, j'ai vu Amand Buvignier, un des fils (de Christophe Buvignier), et lui ai parlé de ces faits. Il m'a dit que « son père n'avait rien assuré, mais qu'il croyait cette « version aussi probable que l'autre. Il citait, auteurs « soupçonnés, Viard [3], mort, et un autre dont il ne se ressou- « venait pas le nom, qui est peut-être mort aujourd'hui « mais qui avait obtenu un grade assez distingué, étant mili-

[1] François Clouet a cessé en 1837 d'être bibliothécaire en titre, mais il a continué effectivement ses fonctions jusqu'en 1855, en collaboration avec son fils et successeur l'abbé Louis Clouet.

[2] Celui de Vistot (1836), ou celui de Dufour, édité en 1842.

[3] Viard était procureur de la commune de Verdun en 1792. Dans son discours à la Convention nationale, Delaâge, au nom du bataillon de Maine-et-Loire, accuse Viard d'avoir été le meneur de l'émeute du 1er septembre : « ... Il a rassemblé 600 personnes, s'est transporté « à leur tête à la municipalité, etc... » A la suite de cette accusation, Viard fut arrêté le 1er novembre 1792, interrogé le jour même et plusieurs fois ensuite. Dans ces interrogations il n'est jamais parlé de la mort de Beaurepaire. (Biblioth. de Verdun, mss. *Verdun-Révolution*, II, 171, et dépositions citées plus haut). L'accusation ne fut pas retenue.

« taire. » Pour François Clouet, ce deuxième personnage serait Thiéry[1].

François Clouet objectait que le gouvernement d'alors, qui détestait Verdun à cause de la reddition, aurait eu intérêt à répandre cette version de l'assassinat. Amand Buvignier lui répondait que le gouvernement, pour ne pas diminuer l'enthousiasme populaire, n'avait pas voulu contredire ensuite la première version, rendue officielle, de l'héroïsme de Beaurepaire. François Clouet disait enfin que ces hypothèses sont hasardées ; personnellement il n'avait jamais entendu dire que le bruit d'un assassinat avait couru sur le moment ; des anciens comme M. Houzelle, M. Devaux, M. Mondon, étaient du même avis; cette opinion était nouvelle.

Il n'est pas douteux, d'après ces témoignages, qu'on discutait à Verdun, il y a longtemps, sur l'assassinat ou le suicide de Beaurepaire.

Et cependant Vistot ne connaissait pas le Rapport de Lemoine. Son mémoire est, pour la partie ancienne, un résumé très bien fait des Histoires de Verdun par Wassebourg et Roussel[2]. Pour la partie moderne il s'est contenté des archives et des traditions locales ; il n'a pas consulté d'autres sources. Le Rapport manuscrit de Lemoine, antérieur d'un an seulement, ne parvint pas jusqu'à lui. Dufour,

[1] Thiéry-Caré commandait la garde nationale de Verdun au moment du siège. Delâage accuse « les deux commandants de la garde natio« nale de Verdun d'avoir escorté Viard dans l'émeute qu'il avait pro« voquée ». Nous avons dit, d'après Lemoine, Neyon, etc... l'attitude des commandants des gardes nationales au Conseil défensif. Le nom de Thiéry-Caré ne figure dans aucune enquête.

[2] *Antiquitez de la Gaule Belgicque, royaulme de France, Austrasie et Lorraine, etc... par M. Richard de Wassebourg, archidiacre en l'église de Verdun*, Paris 1549. — *Histoire ecclésiastique et civile de Verdun, avec le pouillé... par un chanoine de la même ville* (*N. Roussel, chanoine de la collégiale Sainte-Marie-Madeleine*). Paris, 1745, réédité à Bar-le-Duc, 1863-64.

Mondon, François Clouet ne le connaissaient pas davantage.

Le premier auteur qui a utilisé le Rapport de Lemoine est le capitaine d'état-major A. de Joinville. Travaillant à Paris, il a connu ce manuscrit, qu'on avait déposé aux archives du Dépôt de la guerre, et il y a puisé quelques détails qu'il a insérés dans une histoire de la « Campagne de 1792 », publiée en décembre 1840 et janvier-février 1841 dans *Le Spectateur militaire*. En 1847, Joinville reconnaissait qu'il avait eu le tort de se fier « aveuglément » à ce document inédit, mais il ne discutait que sur l'histoire militaire, altérée par Lemoine, et ne s'intéressait pas au détail de la mort de Beaurepaire [1].

Presque simultanément, Mérat (1849) en donnait des extraits et Grille (1850) le publiait intégralement [2]. Il est devenu ainsi une pièce capitale du débat.

Un document moins connu, conservé aux archives du génie à Verdun, est le « *Rapport* (daté de 1850) *du colonel* « *Gosselin, directeur du génie, au sujet de la mort de Beau-* « *repaire* ». Le Dr Lachèse, en 1860, fut le premier qui en signala l'existence [3]. Encore n'avait-il pu se le procurer, et n'en connaissait-il que le sens et l'esprit. M. Pionnier en a publié et commenté toute la partie qui traite de Beaurepaire et conclut à un assassinat [4]. Il est curieux de comparer ce rapport avec la note manuscrite de François Clouet, antérieure de sept ans. Un des officiers supérieurs du génie

[1] Lettre de Joinville à Mérat, 28 décembre 1847. Mérat, p. 66 (note). D'après Joinville, Lemoine n'aurait remis son rapport qu'en 1837. Il est cependant daté de 1835.

[2] D'après une lettre autographe du 24 novembre 1841, de F. Grille à Guillory aîné (Arch. municipales d'Angers, dossier Beaurepaire, R 2), l'ouvrage de Grille était composé dès 1841 ; il attendait un moment favorable pour le publier.

[3] *Observations médico-légales*... *Revue de l'Anjou*, 1860, p. 331.

[4] Pionnier, pp. 225-229.

qui sert de témoin au colonel Gosselin est probablement le colonel Petitot, dont parle François Clouet ; les généraux de Clermont-Tonnerre (selon Clouet) et de la Roche-Aymon (selon Gosselin) sont évidemment un seul et même personnage. Mais lequel choisir? C'est toujours, dans cette question, le doute et le mystère, soit qu'on s'écarte des documents officiels, soit qu'on y revienne.

Tandis que le juge de paix procédait à ses informations dans la chambre de Beaurepaire, le Conseil défensif tenait séance dans la pièce voisine.

Il s'était assemblé à 5 heures du matin, et nous connaissons le sens de sa délibération par l'enregistrement qui en est fait sur le cahier du Conseil. Ce procès-verbal, rédigé dans une forme régulière, suit immédiatement, sur le cahier, les deux procès-verbaux suspects du 1er septembre. Il est de la main de Mondon, et nous dirons même de l'encre dont il s'était servi le 31 août.

Après avoir vérifié l'ancienneté du service de chacun de Messieurs les lieutenants-colonels, le Conseil déféra le commandement de la place à de Neyon. Le procès-verbal expose ensuite, en six articles, l'impossibilité de résister au bombardement, l'état précaire des moyens de défense, la fermentation des citoyens qui donne à craindre une guerre civile. Il conclut qu'on « ne peut balancer à profiter de « l'offre qui est faite de conserver à la nation une garnison « de 3.500 hommes dont les armes lui seront plus utiles « que ne pourrait l'être le faible retard de la prise de la « place [1]. »

Si l'on rapproche cette pièce des renseignements que nous a laissés Neyon dans son Moyen de défenses et dans ses interrogatoires, on en déduit de curieuses remarques sur

[1] Cahier d'enregistrement des délibérations du Conseil défensif. Séance du 2 septembre 1792, 5 heures du matin.

les agissements du Conseil défensif. Nous nous y arrêterons un instant.

La délibération porte sur deux choses distinctes : le remplacement de Beaurepaire, l'éventualité d'une capitulation.

En ce qui concerne le remplacement de Beaurepaire, le Conseil vérifia l'ancienneté des officiers présents dans la place et trouva que Neyon était le plus ancien. Or, on se rappelle que cette question d'ancienneté avait été déjà soulevée dans la séance du 30 août, et que Neyon ayant été mis en cause on lui avait objecté qu'il n'était que lieutenant-colonel en second, et que « tout le temps qu'il y « aurait des lieutenants-colonels en premier le comman« dement leur serait déféré à l'exclusion des lieutenants« colonels en second [1]. » Le 2 septembre, le lieutenant-colonel Lombard n'avait toujours pas sa commission, mais restaient ses collègues Trochereau et Huet, des bataillons de l'Allier et d'Eure-et-Loir. Le Conseil, sans nous faire connaître ses raisons, se déjugea de son arrêté du 30 août et imposa à Neyon la lourde charge qu'était alors le commandement de Verdun.

Mais, quand on prit cette décision, Neyon n'était pas avec ses collègues. « Il était occupé à faire le prêt aux diffé« rents dépôts qu'il commandait [2] », et il s'attarda jusqu'à 8 heures du matin à cette besogne de sergent-major quand de si grands intérêts l'appelaient ailleurs. A son arrivée, « on lui dit qu'on lui avait déféré le commandement de « la place, il s'excusa ; là-dessus, on lui fit voir l'article 12 « de la loi du 10 juillet 1792 portant : tout officier auquel « le commandement sera dévolu par son grade et par son « ancienneté ne pourra refuser de l'exécuter ; il fut obligé

[1] *Moyen de défenses de Neyon.*
[2] *Id.*

« d'accepter. On était occupé à rédiger la délibération « qui avait été prise, et la rédaction touchait à sa fin à « l'arrivée de Neyon. On ajouta seulement, à la suite de « la nomination, ces mots : M. Neyon a accepté [1]... »

Quand on lit son Moyen de défenses, ses interrogatoires, ce qui reste de sa correspondance, on constate que Neyon n'a aucune instruction et est quelque peu naïf ; on se demande si le Conseil n'en a pas abusé. N'oublions pas que les fortes têtes du Conseil sont Pichon et Bousmard, et que le premier se serait vanté d'avoir mis en œuvre tous les moyens possibles pour hâter la reddition de Verdun.

La seconde partie de la délibération porte sur la nécessité de capituler. On y retrouve les termes mêmes du document, daté du 1er septembre, et lu par le député Laporte à l'Assemblée nationale. Nous avons dit notre avis sur ce point, et nous croyons que cette partie du procès-verbal était préparée et rédigée depuis la veille au soir.

Le Conseil défensif, sachant très bien qu'il n'avait que voix délibérative, concluait ainsi : « En conséquence, le « Conseil défensif pense être dans l'esprit de l'article premier « de la loi du 26 juillet en opinant à ce que le comman- « dant de la place la rende dans les vingt-quatre heures... » Beaurepaire, fort de son droit, n'avait pas accepté l'opinion du Conseil et, jusqu'à sa disparition, sa volonté faisait loi. Il s'agissait de lui trouver un successeur plus maniable ; ce fut Neyon.

Ce malheureux crut-il dégager sa responsabilité en ne signant pas la délibération ? Ce fut plus tard un de ses grands arguments de défense [2]. « La rédaction achevée, dit-il, « les membres du Conseil défensif, au nombre de plus de

[1] *Moyen de défenses de Neyon.*

[2] *Id.*

« quarante[1], signèrent cette délibération par laquelle ils « avaient opiné à ce que le commandant rendît la place « dans les vingt-quatre heures. Neyon fut le seul qui ne la « signa pas... Que pouvait le successeur de Beaurepaire, « seul de son parti? La reddition de la place était une chose « consentie, conclue et arrêtée avant qu'il n'arrivât à « l'assemblée et son acceptation forcée du comman- « dement ; cet arrêté était conforme aux vœux des citoyens « et des corps administratifs ; on voit par la réponse de « M. de Beaurepaire à M. le duc de Brunswick qu'elle « était consentie par lui-même... ; le Conseil défensif « avait pris sa détermination ; M. Lemoine, lieutenant- « colonel en deuxième du bataillon de Maine-et-Loire et « qu'il commandait par la mort de Beaurepaire, l'a signée « avec plus de quarante autres ; Neyon est le seul qui ne « l'ait pas fait, et il n'avait à faire que de souscrire à une « capitulation aux conditions proposées et qui était adop- « tée par tous les corps et autorisée par eux. Il ne dépen- « dait donc pas de Neyon de s'y refuser, on lui avait forcé « la main... »

A plusieurs reprises encore, dans son Moyen de défenses, il revient sur ce commandement forcé qu'on lui a imposé. Il y revient aussi dans ses trois interrogatoires[2], et notamment dans une lettre qu'il écrivait de la prison de Verdun

[1] Le procès-verbal du Conseil défensif porte 18 signatures. Neyon y ajoute sans doute les 26 qu'on trouve sur la délibération des Corps administratifs ; soit 44 partisans de la capitulation.

Cette déclaration de Neyon permet de douter que, dans ces dernières séances, les deux assemblées aient toujours délibéré séparément.

[2] Le 3 novembre 1792, par la Commission municipale provisoire de Verdun ; le 13 janvier 1794 devant Nicolas Leblan, président du tribunal criminel du département de la Meuse ; le 7 avril 1794, devant Dobsent, juge au tribunal criminel révolutionnaire de Paris. Biblioth. de Verdun. Ms. 211, pages 165-168 et ms 213, page 61, copies d'après les Arch. nat. W. 352, 718.

à son juge, le soir de son second interrogatoire [1]. Après avoir rappelé que la capitulation fut causée par le vote des commandants des gardes nationales et par l'émeute de la population, il concluait ainsi : « ... Je n'étais que le « porteur du vœu majeur du Conseil, et souscripteur d'une « capitulation déjà acceptée par Beaurepaire. »

L'ignorance de Neyon sur ses droits et ses devoirs est notoire. Aux termes de la loi, il n'avait personne à écouter. Mais n'a-t-il pas avoué naïvement son ignorance? « ...Neyon, « dit-il, n'a jamais connu d'autres lois militaires que celle « du 10 juillet 1791 qui concerne la conservation et classe- « ment des places de guerre et postes militaires. La police « des fortifications et autres objets y relatifs, un lieutenant- « colonel en deuxième d'un bataillon de volontaires n'est « point en place ni à portée d'avoir toutes les lois, et ce « n'est que depuis quelques jours qu'il a appris qu'il en « existait une du 26 juillet 1792 relative aux places fortes « et aux moyens de les conserver. Il n'en avait eu aucune « connaissance jusque-là [2]... »

Ces remarques éclairent les agissements du Conseil défensif de Verdun ; Neyon fut en ses mains un instrument. Si Beaurepaire est mort pour avoir résisté au Conseil et aux autorités civiles, Neyon est monté sur l'échafaud pour leur avoir cédé [3]. Mais Neyon, encore plus malheureux que Beaurepaire, a laissé à la postérité la réputation d'un traître. Ses accusateurs les plus passionnés furent les volontaires de Maine-et-Loire. Nous dénonçons, ont-ils écrit à la Convention nationale [4], « ...les corps administratifs

[1] Neyon à Nicolas Leblan, président du tribunal criminel du département de la Meuse, 13 janvier 1794.
Biblioth. de Verdun. ms. 211, p. 63.

[2] *Moyen de défenses de Neyon*, daté du 10 janvier 1794.

[3] Neyon a été exécuté à Paris le 25 avril 1794.

[4] *Discours de Delaage à la Convention.*

« et judiciaires de Verdun... Bousmard, ...Brunelly...
« Viard, ...les deux commandants de la garde nationale
« de Verdun, ...Pichon, ...enfin Neyon, le perfide
« Neyon, lieutenant-colonel du bataillon de la Meuse, ce
« traître qui, du vivant de Beaurepaire, sembla n'oser
« prendre le commandement et qui ne le prit, après la
« mort de ce grand homme, que pour livrer la ville à l'en-
« nemi... »

Ces accusations contre Neyon sont fausses. Il ne paraît pas avoir été un traître ; ce n'était probablement qu'un pauvre homme.

La capitulation étant décidée par les autorités militaires, il fallait encore, pour se conformer à la loi du 26 juillet 1792, l'avis des pouvoirs civils. Ils déclarèrent, en délibération, « que pénétrés des motifs insérés dans leur adresse « du jour d'hier présentée au Conseil défensif militaire de « la place ils consentent à la reddition et à la capitulation « qui en sera dressée ». Cette pièce n'a pas été reproduite par Cavaignac dans son Rapport. Neyon l'insère dans son Moyen de défenses ; il en existe une copie à la bibliothèque de Verdun [1]. Son authenticité n'a jamais été discutée et ne semble pas devoir l'être jamais.

Toutes les formalités se trouvèrent ainsi réglées vers neuf ou dix heures du matin. La nouvelle de la capitulation s'était répandue dans la ville et dans la garnison ; des désordres éclatèrent ; des pillards se portèrent aux magasins militaires ; la populace de Verdun s'unit aux maraudeurs.

« ...Les magasins des vivres furent pillés... Il paraît
« que plusieurs maisons particulières durent subir le même
« sort. Dans le but de faire cesser ce désordre, on fit courir
« dans la ville le bruit qu'il serait fait des visites domici-
« liaires et que les détenteurs d'objets volés seraient punis

[1] Biblioth. de Verdun, mss. *Verdun-Révolution*, II, 210.

« selon toute la rigueur des lois. Aussitôt, les rues dépavées « furent encore, en divers endroits, encombrées de quar- « tiers de porc, de bandes de lard et autres denrées qui « obstruaient la marche des Prussiens, lesquels purent « alors se convaincre qu'ils ne devaient pas leur conquête « à la famine [1]... » — « J'apprendrai au public, dit « Galbaud [2], que la garnison de Verdun a pillé, avant de « rendre la place, les magasins. Était-ce pour les rendre « à l'État? J'interroge à ce sujet tous les soldats du « 17e régiment et du bataillon de Saône-et-Loire, ainsi que « les habitants de Sainte-Menehould : ils répondent que « les chemises, les bas, les guêtres, les souliers, etc... se « vendaient au profit de ceux qui se les étaient appropriés ; « que ces effets ont servi à payer les cabarets... Esclave « de la vérité, je la dirai tout entière. Presque compa- « triote du bataillon de Mayenne-et-Loire, je l'avais vu « à Verdun avec le plus grand intérêt. Sa bonne tenue, « sa discipline, son amour pour l'ordre me le faisaient regar- « der comme une troupe qu'on pouvait, en toute occasion, « présenter hardiment à l'ennemi. Je ne puis attribuer « le changement qui s'y est opéré qu'à la mort de Beau- « repaire... »

Les canonniers du bataillon de la Charente-Inférieure refusent de suivre leur bataillon et d'emmener leurs canons. C'est le capitaine Grivel et sa compagnie d'artilleurs qui recueillent ces deux canons et les emmènent à Metz pour qu'ils ne soient pas abandonnés aux Prussiens. Ces artilleurs, dont tout le monde a fait l'éloge avant et pendant le siège de Verdun, font à Metz un récit invraisemblable du siège et de la capitulation [3].

[1] Dufour, pp. 112-123.

[2] *Observations de Galbaud*, p. 24.

[3] *Moyen de défenses de Neyon*. — *Mémorial d'Etain*, note du 3 septembre 1792. Biblioth. de Verdun, ms. 211, p. 181. — Lettre, en date

Le premier bataillon d'Eure-et-Loir aurait tellement changé d'attitude depuis la prise de Verdun que Marceau se décidait, deux jours après, à le quitter. Il aurait échangé, sans regrets, son grade de lieutenant-colonel en second contre celui de lieutenant en premier dans les cuirassiers de la Légion germanique [1].

Le désordre continua pendant la nuit du 2 au 3 septembre. « ...Il y eut, raconte le prince royal de Prusse [2], « beaucoup d'alertes dans la ville ; elles étaient principale- « ment occasionnées par certains gardes nationaux restés « en arrière. Avant notre arrivée ils s'étaient emparés, « avec l'aide de leurs camarades, de provisions de toutes « espèces, et maintenant qu'ils étaient ivres, ils passaient « la nuit à courir par les rues en y faisant grand tumulte... »

Ces citations ne laissent pas de doute sur les actes d'indiscipline de la garnison, le 2 septembre. Il ne faut cependant pas les exagérer.

Les insinuations de Galbaud [3] et celles de Mondon, reproduites par Dufour [4], sur un partage clandestin, entre les officiers et la troupe, de 289.000 francs en espèces et assignats, pris dans la caisse du trésorier-payeur du département de la Meuse, paraissent n'avoir aucun fondement. Le partage de ces fonds fut autorisé par une délibération régulière du Conseil défensif [5]. Galbaud lui-même a reconnu que les bataillons de Maine-et-Loire, de la Charente-Infé-

du 6 septembre 1792, de Clémence, commissaire du pouvoir exécutif à Metz, à Servan. Arch. du Ministère de la guerre, carton sept. 1792, citée par Mérat, pp. 84-86.

[1] Voir à ce sujet Grille, II, 359.

[2] *Réminiscences*, p. 26. — *Lettres de Lombard*, publiées par Hüffer, dans la *Deutsche-Revue*, février-mars 1883, 103.

[3] *Observations de Galbaud*, pp. 24-25

[4] Dufour, pp. 121-122.

[5] *Cahier des délibérations du Conseil défensif*, I", 2. Séance du 2 septembre 1792.

rieure et d'Eure-et-Loir avaient restitué au payeur de l'armée, à Sainte-Menehould, les sommes qu'ils avaient emportées.

Si les magasins de Verdun furent pillés, ils ne le furent pas à fond, car les Prussiens les trouvèrent encore « abon- « damment pourvus de foin, d'avoine, de paille, de farine, « de pain de munition, d'huile, de lard, de pois, de riz, « en un mot de tout ce qui était nécessaire à l'approvision- « nement d'une forte garnison... Ils en retirèrent ce dont « ils avaient besoin, souvent même ce qui leur était inutile, « sans compter que bien des choses furent gaspillées et « perdues. J'ai vu, par exemple, plusieurs pièces de vin « qu'on laissait couler dans le sable[1]... »

Le prince royal de Prusse, qui visita Verdun le 2 septembre et monta jusqu'à la citadelle, parle des gardes nationaux ivres, des rues dépavées qui rendent difficile la circulation à cheval. Mais il n'a pas vu ces débris de pillage qui auraient, à croire Dufour, « obstrué la marche des Prussiens ».

Nous connaissons aussi la lettre de Chaumine à Préval[2] : « Il court un écrit du général Galbaud, qui est abominable... « Il accuse la garnison de Verdun et surtout nos volontaires « (de Maine-et-Loire) ...Il les taxe des plus honteux « désordres ; il les confond sciemment et méchamment « avec d'autres, accumule contre eux les faussetés les plus « noires et va, le croiras-tu, jusqu'à articuler les mots « de vol et de lâcheté ! Il ose dire que nos camarades, « nos frères, ont pris de l'argent, des habits, des guêtres « pour payer les cabarets et solder leurs débauches. Qui « ajoutera foi à de pareilles assertions?... »

Le rapport de Cavaignac nous semble renfermer une plus juste appréciation des faits. « ...Il paraît, dit-il[3], que la

[1] *Témoin oculaire*, p. 112.
[2] Chaumine à Préval, 4 novembre 1792. Grille, III, 102.
[3] *Rapport de Cavaignac*, pp. 21-23.

« garnison de Verdun n'a manqué ni de bonne volonté,
« ni de courage ; que tant qu'elle a eu Beaurepaire elle a
« espéré de défendre avec honneur le poste qui lui avait
« été confié ; mais qu'après sa mort Neyon a enchaîné
« sa valeur en lui annonçant que la capitulation était
« conclue et en lui défendant de tirer sur l'ennemi. Il ne
« lui a donc manqué que des chefs braves et fidèles. Tout
« ce que le général Galbaud raconte à l'égard de cette
« garnison paraît être dicté par l'exagération... L'on doit
« présumer que le bataillon (de Maine-et-Loire) a mené
« aussi à Verdun une conduite digne de lui [1]. S'il a quelque
« tort, c'est d'avoir enveloppé dans la trahison de certains
« mauvais citoyens de Verdun tous les habitants de cette
« ville ; de vous les avoir dénoncés tous comme des traîtres.
« Son jugement à cet égard était injuste et précipité... »

Cependant le temps passait. La suspension d'armes allait expirer dans quelques heures. Deux messagers partirent pour informer Brunswick que Verdun acceptait de capituler. C'étaient Lambry, administrateur du district, et Marceau, le plus jeune des lieutenants-colonels présents dans la place. Ils arrivèrent vers midi au quartier-général prussien et revinrent à Verdun, vers 3 heures, avec le général Kalekreuth chargé de régler les détails de la capitulation, de la prise de possession de la ville et du départ de la garnison. Ils étaient escortés par deux bataillons prussiens et un grand nombre d'officiers, dont les deux fils du roi de Prusse et le duc de Weimar.

Ce groupe, entrant par la porte Chaussée, « se dirige droit
« sur l'Hôtel de Ville, passant au milieu des habitants et des
« troupes françaises, presque toutes gardes nationales,
« déjà rassemblées pour le départ. Le général (Kalekreuth)

[1] Cavaignac venait, quelques lignes plus haut, de rappeler la belle conduite du bataillon à l'affaire de Vargemoulin, le 15 septembre, et à la bataille de Jemmapes, le 6 novembre 1792.

« est accueilli partout avec respect. Les troupes, qui étaient « déjà sous les armes, et parmi lesquelles se trouvaient des « hommes qui avaient embroché des pains dans leurs « baïonnettes, lui présentèrent presque toutes les armes ; « leur tenue d'ailleurs était calme et tranquille.

« ...A l'Hôtel de Ville se trouvait la municipalité ras- « semblée par le commandant provisoire... Nous y « trouvâmes aussi les chefs des différents corps ainsi que « leurs adjudants... Le général prend place autour de la « grande table des séances. Il est facile de lire beaucoup « d'inquiétude dans les esprits, d'abattement et de douleur « sur les visages ; chacun veut parler ; chacun a quelque « chose à faire observer ; le général Kalckreuth cherche « avec politesse et sang-froid à restreindre à un petit nombre « les votes décisifs ; il y parvient enfin au bout d'une « heure de discussion[1]... »

Le texte de la capitulation, signé par Kalckreuth et de Neyon, comprend neuf articles réglant les détails d'évacuation ; il a été plusieurs fois reproduit[2].

Pendant cette discussion, dans cet Hôtel de Ville où il avait soutenu contre les passions humaines une lutte désespérée, près de cette chambre où il avait tragiquement

[1] *Réminiscences*, pp. 21-23.

[2] On trouve au secrétariat de la mairie de Verdun (*Inventaire*..., etc. pièce n° 5) une copie ancienne de cette pièce.

Il en est aussi conservé deux exemplaires aux archives nationales : W 362, 718, I, 37 et W 2, dossier 3, 67. Dans ce dernier, la signature de Neyon est écrite en surcharge d'une première, particularité qui mériterait d'être étudiée. Nous n'avons pu déterminer si ces pièces sont des originaux ou des copies.

C'est à l'obligeance de M. Eugène Lelong, chargé de cours à l'École des Chartes, que nous devons la connaissance des pièces classées aux archives nationales W 2 dossiers 3 et 3 *bis*, que nous avons souvent citées. Ces pièces, provenant du Parquet du Tribunal révolutionnaire, complètent celles du dossier W, provenant du greffe, qui avaient été les seules utilisées jusqu'à présent dans les recherches sur Verdun et Beaurepaire.

cessé de vivre, qui se souvenait encore du malheureux Beaurepaire? Le prince royal de Prusse, qui a noté mille détails sur cette séance, dit incidemment, en une courte parenthèse : « ...celui qui était investi du commandement, « Beaurepaire, s'était brûlé la cervelle dans un moment « de désespoir... »

Les volontaires de Maine-et-Loire avaient transporté à la citadelle le cadavre de leur chef. Ils l'avaient placé sur un fourgon d'artillerie, « dans un cercueil recouvert d'un « drap noir et ombragé de branches de chêne ». Un crêpe fut noué au drapeau [1]. Dans leur exaltation, ils se déclaraient prêts à passer de force, s'il le fallait, à travers l'armée prussienne pour ramener au pays le corps du commandant [2].

L'heure du départ arriva. Cette garnison, que n'avaient point soudée une gloire ou des souffrances communes, se disloqua, chacun tirant de son côté : les gardes nationales vers leurs villages, les troupes vers Metz, Reims ou Châlons. Le bataillon de Maine-et-Loire choisit cette dernière direction.

Auparavant, le roi de Prusse, entouré d'un brillant et nombreux état-major, ne le passa point en revue sur l'esplanade et ne s'écria pas, émerveillé : « C'est la plus belle troupe de l'Europe ! » Brunswick n'était pas là non plus, portant à l'arçon de sa selle les pistolets de Beaurepaire et promettant « qu'ils auraient le premier rang dans son cabinet d'armes [3] ».

On se quitta plus simplement et nos volontaires, entou-

[1] Grille, II, 295.

[2] Le sergent Lauzeral (mort le 5 décembre 1832, commandant du château d'Angers) « s'offrit des premiers pour emporter le corps du « commandant Beaurepaire à travers l'armée prussienne. » *Journal de Maine-et-Loire*, numéro du 13 décembre 1832. (Note communiquée par M. l'abbé Uzureau, directeur de l'*Anjou Historique*.)

[3] C'est Grille (II, 295) qui le raconte. Le roi de Prusse et Brunswick ne sont pas venus à Verdun le 2 septembre.

rant le cercueil de Beaurepaire, reprirent par la porte de France cette route désolée de Clermont qui les avait amenés à Verdun trois mois auparavant, jour pour jour. Quels changements depuis dans les personnes et dans les choses ! Quelles leçons de vie pour ces jeunes gens qui se flattaient de rénover la France et l'univers !

Sur les côtés de la route, depuis Glorieux jusqu'aux hauteurs de Sivry-la-Perche, campaient les bataillons de Kalckreuth, qui regardaient passer les vaincus. Peut-être, comme le dit Grille, « la musique de tous ces régiments « affectait de jouer au passage de nos troupes : Allez-vous- « en les gens des noces. A quoi la musique du bataillon « répondit sans se déconcerter, et pendant deux heures « sans relâche : Ah ! ça ira, ça ira, les aristocrates à la lan- « terne ! [1] »

Derrière eux, à Verdun, rapporte Cavaignac [2], « ...la « joie des aristocrates éclata alors de la manière la plus « scandaleuse ; ils se portèrent sur les avenues de l'armée « ennemie pour la voir défiler... Ils firent aux Prussiens « l'accueil le plus empressé. Ils arborèrent la cocarde « blanche... ; le soir même de la reddition il y eut, dit-on, « un bal au camp du Regret auquel plusieurs femmes de « Verdun assistèrent... » — « ...A notre entrée, dit le « *Témoin oculaire* [3], les rubaniers de Verdun s'occupèrent « nuit et jour à faire des cocardes blanches ; car depuis ce « moment les citadins, paysans, seigneurs, moines, même « les capucins, tous en portaient... » L'arbre de la liberté et le bonnet phrygien en fer-blanc furent renversés, le drapeau blanc flotta sur une tour de la cathédrale. «... Comme « nous passions par la rue qui conduit à la citadelle, raconte « le prince royal de Prusse [4], une jeune et très jolie demoi-

[1] Grille, II, 295.
[2] *Rapport de Cavaignac*, pp. 16-17.
[3] *Témoin oculaire*, p. 82.
[4] *Réminiscences*, p. 26.

« selle, très bien mise, sort d'une maison, s'avance vers « nous, me donne la main avec beaucoup d'affabilité et me « dit que les Prussiens sont les bienvenus. Chacun ne peut « pas se vanter d'un tel accueil, bien que le plus grand « nombre des habitants semblent faire bonne mine à « mauvais jeu... » On sait quel prix les Verdunois ont payé ces manifestations et celles qui suivirent.

Les volontaires de Maine-et-Loire arrivèrent à Clermont-en-Argonne le soir, précédés ou suivis de ceux de l'Allier, de la Charente-Inférieure et d'Eure -et-Loir.

Ils y retrouvent Galbaud. Ce général, après sa tentative sur Verdun, le 30 août, et sa retraite sur Varennes, avait eu plusieurs hésitations. Finalement, il était venu occuper avec le 17e régiment d'infanterie, le bataillon de Saône-et-Loire et six canons, le défilé que forme l'Argonne entre les Islettes et Sainte-Menehould. Il avait fortifié la côte de Biesme, à l'Ouest des Islettes, et dans une telle position ses troupes et lui-même se croyaient invincibles[1].

« J'étais impatient, dit-il[2], de voir arriver la garnison « de Verdun ; je savais qu'elle marchait à moi. Je croyais, « ainsi que tous mes soldats, que frémissant de rage de « s'être vue lâchement trahie, elle saisirait avec empresse- « ment l'occasion que j'allais lui présenter de venger l'hon- « neur français, et qu'elle trouverait glorieux de rester avec « moi au poste le plus périlleux qui, renforcé de quatre « bataillons, devenait en quelque sorte inattaquable.

« Quel fut mon étonnement lorsque j'entendis tirailler « des coups de fusils le long du chemin dans les arbres ! « C'était la garnison de Verdun qui arrivait dans le plus « grand désordre et qui, abattue par la terreur (du moins

[1] *Observations de Galbaud*, pp. 15 et 18. — *Souvenirs*... de James Money, pp. 48-87. — *Histoire de Sainte-Menehould*, par Cl. Buirette, 584-593.

[2] *Observations de Galbaud*, pp. 19-21.

« ce sont les expressions de tous ceux que j'ai questionnés)
« se voyait poursuivie et battue par des troupes victorieuses,
« invincibles (ce sont encore les expressions des mêmes
« gens) dont les camps occupaient les deux côtés de la
« chaussée depuis Verdun jusqu'à Clermont, c'est-à-dire
« dans un espace de près de six lieues, tandis que des troupes
« innombrables campaient de l'autre côté de Verdun, sur
« les hauteurs de Saint-Michel...

« Je leur ordonnai de renforcer les postes de Biesme
« et de Florent... De quatre bataillons, deux refusèrent
« obstinément d'obéir et partirent sans avoir demandé
« mon consentement. Les deux autres ... y portèrent une
« contagion funeste ; ils y communiquèrent leurs ter-
« reurs... »

Les deux bataillons qui refusèrent de s'arrêter à la côte de Biesme sont ceux de l'Allier [1] et de Maine-et-Loire. Il paraît que ce dernier reprocha à Galbaud d'avoir abandonné Verdun et d'être responsable de la mort de Beaurepaire. Nous reviendrons, auraient dit les volontaires, quand nous aurons fait les funérailles du commandant ; Galbaud le leur aurait permis.

Les Angevins arrivent, le 3 septembre, à Sainte-Menehould.

C'est là qu'ils inhumèrent Beaurepaire, dans le cimetière de la paroisse. L'acte de sépulture, conservé aux registres paroissiaux de l'état-civil de Sainte-Menehould pour l'année 1792, et plusieurs fois publié [2], ne laisse aucun doute à cet égard. Il est signé par le curé Gambet, Louis Lemoine, commandant en second, et Augustin Péhu, capitaine.

[1] On trouve, annexée aux *Observations de Galbaud*, une curieuse *Déclaration des officiers du bataillon de l'Allier faite par devant la municipalité de Sainte-Menehould, le* 3 *septembre* 1792.

[2] Dommartin, p. 46. — Chuquet, *Valmy*, p. 68 (note).

« La pompe funèbre, dit Buirette[1], fut aussi noble « qu'attendrissante. C'était à qui de ses frères d'armes aurait « l'honneur d'orner de la couronne civique le cercueil de « ce chef. Officiers et soldats, tous payèrent le tribut de « larmes dû à un militaire qui avait préféré la mort à la « honte de rendre une place de guerre sans l'avoir défen- « due. » — « Le corps de Beaurepaire, dit Grille, fut enlevé « du caisson, porté à bras par quatre officiers, grenadiers « ou volontaires, et déposé en avant de Sainte-Menehould, « dans les gorges de Biesme, sur un tertre. La ville avait « pris le deuil, et tous les honneurs furent rendus aux restes, « encore fumants, du héros de Verdun[2]. »

Beaucoup d'auteurs ont cru que le corps de Beaurepaire fut transporté au Panthéon, comme l'avait décrété l'Assemblée nationale, le 12 septembre 1792, sur la proposition de Delaunay[3]. Lamartine a écrit[4] « qu'un fourgon attelé de « chevaux noirs, et recouvert d'un drapeau tricolore pour « linceul, emmena le corps de Beaurepaire... Son cœur « fut placé au Panthéon... » Michelet devait croire aussi que le convoi fut amené au moins jusqu'à Paris quand il peint le frémissement de la France « lorsqu'un cercueil la « traversa, rapporté de la frontière, celui de l'immortel « Beaurepaire[5]. » La question a été posée dans l'*Intermédiaire des chercheurs et des curieux*[6] et n'a pas provoqué de réponse.

Le corps de Beaurepaire repose toujours dans le cimetière de Sainte-Menehould, mais on ignore en quel endroit.

[1] Cl. Buirette. *Histoire de la ville de Sainte-Menehould*, p. 590.

[2] Grille, II, 298.

[3] *Moniteur* du 14 septembre 1792, nº 258.

[4] Lamartine, *Histoire des Girondins*, p. 302.

[5] Michelet, *Histoire de la Révolution française*, IV, 233.

[6] *Intermédiaire des chercheurs et des curieux, année* 1864, p. 314.

Les 20 septembre et 8 octobre 1872 on discuta au conseil municipal de Sainte-Menehould l'opportunité d'élever un monument « aux mânes de Beaurepaire, au centre de « l'Argonne, dans la ville même où reposent ses cendres. » M. Nidart disait à cette occasion dans la *Revue de la Marne* : « Ses cendres gisent ignorées au milieu de nous ; pas une « pierre, pas une inscription en souvenir de ce stoïque « soldat. » — « M. Nidart croit, d'après le témoignage « d'une veuve Guillaumet qui vit la cérémonie et se rappe- « lait encore les coups de fusil tirés sur la fosse, que Beau- « repaire est enterré au-dessous de la première ou de la « seconde fenêtre de la chapelle Sainte-Catherine, à droite « du portail qui donne sur le nord, et, pour ainsi dire, en « face de Verdun [1]. »

Galbaud, invité à la cérémonie funèbre, s'était dispensé d'y assister. « ... Je crus, a-t-il écrit [2], honorer encore plus « Beaurepaire en visitant des postes dont l'objet était de « venger sa mort en résistant aux tyrans. Quelle fut ma « surprise quand j'appris, à mon retour, que le bataillon « de Mayenne-et-Loire était, malgré mes ordres, parti pour « Châlons ! Les officiers m'ont dit depuis que la douleur « amère du bataillon, en se voyant pour toujours privé « de son chef, ne pouvait plus lui permettre d'habiter le « lieu où reposaient ses cendres... »

Ce serait l'objet d'une autre étude que de chercher des raisons plus sérieuses pour expliquer l'attitude du premier bataillon de Maine-et-Loire depuis la mort de Beaurepaire.

Cavaignac a taxé d'exagération le rapport de Galbaud. L'indiscipline du bataillon fut cependant réelle. Lemoine a cru à sa dissolution complète ; il a rendu compte du refus des volontaires de se rendre aux défilés de Clermont, après la cérémonie religieuse des funérailles. On connaît

[1] Chuquet, *Valmy*, p. 68 (note).

[2] *Observations de Galbaud*, p. 26.

aussi la désertion du capitaine Pasqueraie et de quarante volontaires ; les discussions pour aller à Meaux ou à Chartres ; les quatre jours passés à Châlons dans une débandade commune à d'autres bataillons[1].

Le 8 septembre seulement, le premier bataillon de Maine-et-Loire se ressaisit et reprit le chemin du devoir qu'il n'abandonna plus. Les meilleures troupes ont connu ces heures de défaillance ; celle-ci est étrange comme tout ce qui se rapporte à Beaurepaire et à sa fatale destinée.

Nous croyons avoir rappelé tout ce qu'on sait d'essentiel sur cet épisode de notre histoire. En est-il un autre plus poignant? On ne connaît pas la maison où Beaurepaire a vu le jour ; de toute son existence on ne sait rien, sauf la dernière année de sa vie ; sa mort est une énigme ; on ignore l'emplacement de sa tombe. Cependant tout le monde croit connaître Beaurepaire, mais on ne connaît que sa légende.

III

Nous avons vu que cette légende prit naissance à Paris, avant même la mort de Beaurepaire : toutefois, sa véritable origine est le discours de Delaunay à l'Assemblée nationale, dans la séance du 12 septembre 1792[2].

[1] Archives départementales de Maine-et-Loire, L 586, 587 *bis*. Lettres de Lemoine aux administrateurs de Maine-et-Loire, 10 septembre 1792 ; les administrateurs de Maine-et-Loire à Lemoine, 29 septembre 1792. — Arrêté du 11 septembre 1792 du Conseil permanent du département de Maine-et-Loire. — Arrêté du district du département de Maine-et-Loire, séance du 25 octobre 1792. — *Affiches d'Angers*, 18 septembre 1792, n° 113. — Dépêche de Billault (de Varennes) à l'Assemblée nationale, séance du 9 septembre 1792, *Moniteur*, n° 253. — Lettre du même et protestation de Charlier, député de la Marne, séance du 12 septembre 1792. *Moniteur* n° 256. — Correspondance anonyme de Châlons, 10 septembre. *Moniteur*, n° 258. — Grille, II, 297-310.

[2] *Moniteur* du 14 septembre 1792, n° 258.

Ce discours, qui paraît aujourd'hui une vaine déclamation, pleine d'erreurs et de sophismes, eut un effet prodigieux. Toute la France crut, avec Delaunay, que Beaurepaire s'était « donné la mort en présence des fonctionnaires publics lâches et parjures, qui ont livré le poste « confié à leur courage ». Artistes, poètes, journalistes, historiens mêmes, exploitèrent à l'envi l'effet de cette mort suggestive.

Une première estampe [1] représenta Beaurepaire entouré de ses officiers et de la municipalité de Verdun, et se tirant un coup de pistolet. Au-dessus de la gravure, on lisait : « Trait sublime de courage et de dévouement. » Au-dessous : « Beaurepaire, commandant du premier bataillon de Mayenne-et-Loire ce (*sic*) donne la mort à Verdun en présence des fonctionnaires publics lâches et parjures qui veulent livrer à l'ennemi le poste confié à son courage » (suit le texte du décret du 12 septembre 1792).

On cite plusieurs autres gravures du même genre, en noir ou en couleur [2]. Marceau y figure habituellement, spectateur du drame, tantôt impassible, tantôt montrant du doigt la carte de la frontière. Ces estampes et gravures, même en reproduction, sont fort rares aujourd'hui.

Le Moniteur du 14 octobre 1792 (nº 298) annonçait la première représentation, au théâtre du Palais, de *La mort de Beaurepaire ou les Héros français, fait historique*. L'auteur exposait qu'après un bombardement de trois heures les habitants de Verdun avaient livré la ville, à l'insu de

[1] Octobre 1792, d'après Larousse, art. Beaurepaire. A Paris, chez Villeneuve, graveur, rue Zacharie Saint-Séverin, maison du passage, nº 72.

[2] La mort de Beaurepaire, commandant de la place de Verdun, gravure coloriée, Labrousse sculpsit, Laurent direxit. — La mort de Beaurepaire, au Conseil municipal, gravure extraite de la *France littéraire*. — Reproduction, chez Plon, d'une gravure ancienne. *Larousse*, art. Beaurepaire. *Dommartin*, pp. 107 et seq. L'*Intermédiaire*... 1864, p. 268.

Beaurepaire qui, apprenant cette trahison, se brûlait la cervelle en séance du Conseil. Cette pièce fut jouée une douzaine de fois pendant les mois d'octobre, novembre et décembre 1792. Le 23 novembre, Beaurepaire tenait l'affiche au théâtre du Palais et au théâtre de la Nation [1].

Ce thème fut repris en 1806 dans une tragédie historique en trois actes et en vers : *Beaurepaire ou la prise de Verdun par le roi de Prusse à la fin de* 1792, par F.-J. Gamon, ancien député de l'Ardèche à la Convention, président de cour à Privas, puis à Nîmes [2]. Le peuple de Verdun, qualifié de vil troupeau, sommait Beaurepaire de se rendre ; le commandant se poignardait en plein Conseil [3].

De nos jours encore, le sujet a inspiré MM. Michel Masson et Raoul de Navery dans leur drame historique en 5 actes et 9 tableaux : *Les fils aînés de la République, ou Beaurepaire à Verdun*, joué à Paris en 1872 au Grand-Théâtre parisien, et repris au Châtelet en 1879. Dans ce drame, Beaurepaire sort de la Chambre du Conseil et se suicide sur une terrasse voisine.

Quant aux écrivains de tout genre qui ont été induits en erreur par l'imagination de Delaunay, la liste en serait trop longue à citer. Les plus marquants sont Gœthe, Lamartine et Michelet.

Gœthe, après avoir dit la reddition de la ville, écrit [4] : « ...Alors nous avons eu un trait de républicanisme. Le « commandant Beaurepaire, cédant à la bourgeoisie « inquiète, qui voyait la ville brûlée et détruite par un bom- « bardement prolongé, n'avait pas pu s'opposer davantage

[1] *Moniteur* des 24, 25, 26, 28 octobre, 4, 7, 15, 20, 23 novembre, 6 décembre 1792. — *Pétition* d'Ybert, p. 11.

[2] Éditée à Paris chez Bacot, palais du Tribunat, galerie de bois, n° 258. Rare.

[3] Voir *Narrateur de la Meuse*, 11 avril 1806, n° 138. — L'*Intermédiaire...* 1865, p. 553.

[4] Gœthe, *Campagne de France*, traduction Richelot, III, 73.

« à la reddition. Mais après y avoir, à l'Hôtel de Ville, « en pleine séance, donné son assentiment, il a tiré de sa « poche un pistolet et s'est brûlé la cervelle pour donner « un exemple du dévouement patriotique le plus exalté. »

Lamartine, s'inspirant du récit du « Témoin oculaire [1] », raconte ainsi les faits [2] : «... Beaurepaire, rejetant la « plume qu'on lui présentait, et saisissant un pistolet à sa « ceinture : « Messieurs, dit-il, j'ai juré de ne rendre qu'un « cadavre aux ennemis de mon pays. Survivez à votre « honte si vous le pouvez ; quant à moi, fidèle à mes ser- « ments, voici mon dernier mot : Je meurs libre. Je lègue « mon sang en opprobre aux lâches et en exemple aux « braves. » En achevant ces mots il se tire un coup de pis- « tolet dans la poitrine et tombe mort dans la salle du « Conseil. Cet acte d'héroïsme ne fit pas même rougir les « assistants. On enleva le cadavre et on signa la capitu- « lation de Verdun... » — « ...Le commandant de « Verdun, dit Michelet [3], assemblant un conseil de guerre « pour être autorisé à rendre la place, Beaurepaire résista « à tous les arguments de la lâcheté. Voyant enfin qu'il « ne gagnait rien sur ces nobles officiers dont le cœur, tout « royaliste, était déjà dans l'autre camp : « Messieurs, dit-il, « j'ai juré de ne me rendre que mort... Survivez à votre « honte... Je suis fidèle à mon serment ; voici mon dernier « mot, je meurs... » Il se fit sauter la cervelle... »

Certes, Louis Salmon, dit Louis Noir, dans son roman

[1] *Témoin oculaire*, p. 80.

[2] *Histoire des Girondins*, édition Furne, livre 24e, pp. 301-302. Lorsqu'on inaugura à Angers, le 19 mars 1848, la première pierre du piédestal d'une statue de Beaurepaire, le Conseil municipal fit imprimer (Angers, Cornilleau et Maige), un placard qui se termine par cette citation typique de Lamartine. Voir aussi F. Grille, *Pamphlets électoraux*, n° 5. op. in-8, 21 pages, 1848.

[3] Michelet, *Histoire de la Révolution Française*, IV, 234.
Michelet ignore même que Beaurepaire commandait à Verdun.

des *Vierges de Verdun* [1], est aussi près de la vérité que ces trois historiens.

Une seconde erreur qui se vulgarisa à la suite du discours de Delaunay fut de croire à la translation du corps de Beaurepaire au Panthéon.

L'Assemblée nationale décréta, en effet, à la demande de Delaunay, « que le corps de Beaurepaire... sera trans-
« porté de Sainte-Menehould et déposé au Panthéon fran-
« çais. L'inscription suivante sera placée sur sa tombe :
« Il aima mieux se donner la mort que de capituler avec
« les tyrans [2]. »

Ce motif fut aussitôt mis en scène.

Le 23 novembre 1792, on annonçait la première représentation, au théâtre de la Nation, de *L'apothéose de Beaurepaire*, par le citoyen Lesur. On voyait la cérémonie en l'honneur de Beaurepaire arriver sur la place du Panthéon ; le sarcophage s'arrêtait à la porte ; le maire de Paris adressait un discours à la statue de la Liberté ; une déesse, descendant du ciel, déposait une couronne sur la coupole du temple ; on chantait des couplets patriotiques. En 1793, le théâtre de l'Assemblée nationale donna une autre pièce du même genre, qui n'eut aucun succès : « *La patrie reconnaissante ou l'Apothéose de Beaurepaire* », à-propos en un acte de Lebœuf, musique de Candeille. Un peu plus tard, on joua au théâtre Feydeau une autre Apothéose de Beaurepaire, musique de Méhul [3].

Cette translation supposée des cendres de Beaurepaire au

[1] Louis Noir, *Les Vierges de Verdun*, 1 vol. Marpon et Flammarion, 1882.

Louis Salmon, né à Pont-à-Mousson (1831), élevé à Verdun, raconte l'assassinat de Beaurepaire par Martin, syndic des cloutiers, de Verdun, avec la complicité de Bousmard et des conseillers municipaux.

[2] Décret du 12 septembre 1792, art. 1 et 2.

[3] *Moniteur* des 23, 25, novembre, 2, 15 décembre1792. — Compte-rendu élogieux de la pièce de Lesur, *Moniteur* du3 décembre 1792, n° 358. — Larousse, art. Beaurepaire.

Panthéon était invoquée par Barrère, dans son discours du 10 mai 1793 à la Convention nationale, quand il réclamait les mêmes honneurs pour celles du général marquis de Dampierre, glorieusement tué près de Valenciennes.

C'est en se fiant à ces traditions erronées que le vicomte Walsch dans son *Encyclopédie catholique* (III, 336), Lebas dans son *Dictionnaire encyclopédique de la France*, Lamartine, Michelet et tant d'autres ont ignoré que Beaurepaire repose toujours dans le cimetière de Sainte-Menehould.

En réalité, aucun honneur public ne lui fut accordé à Paris. L'assertion, fréquemment reproduite, qu'une des 48 sections de Paris prit à cette occasion le nom de section Beaurepaire, qu'elle aurait bientôt changé pour celui de section Chalier, est contestée. L'origine de la rue Beaurepaire, dans le quartier Montmartre, remonterait au XIVe et même au XIIe siècle [1].

Un seul honneur officiel lui fut rendu plus tard : c'est l'inscription de son nom dans la liste des braves, sur l'Arc de triomphe.

Enfin, le troisième article du décret voté le 12 septembre 1792, à la suite du discours de Delaunay, chargeait le président de l'Assemblée nationale « d'écrire à la veuve et aux « enfants deBeaurepaire. » A la séance du lendemain matin, 13 septembre, le président Hérault de Séchelles lut une lettre qu'il avait préparée et dont le texte, reproduit au *Moniteur* du 15 septembre (n° 259), fut approuvé par l'Assemblée.

D'après deux lettres publiées en 1887 par M. Gontard de Launay [2], Mme Beaurepaire aurait violemment protesté,

[1] L'*Intermédiaire*... 1864, 314. — Lettre du citoyen Lemangin à la commune de Paris, datée de Commune affranchie (Lyon), le 29 pluviôse an II (17 février 1794). Citée par Demangeot, *Suicide de N. Beaurepaire*, p. 8.

[2] *Mémoires de la société nationale d'agriculture, sciences et arts d'Angers* (*ancienne Académie d'Angers*). 4e série, t. Ier (1887), p. 341.

en son nom et au nom de son fils, contre cette glorification païenne du suicide de son mari. Elle le considérait comme « coupable du crime le plus détestable et le plus rejeté « de la majesté divine » ; elle voulait perdre jusqu'au souvenir d'un époux qu'elle avait connu bon et tendre ; elle refusait la pension viagère que lui offrait l'Assemblée nationale, car elle ne voulait pas « souiller ses mains, ni « celles de son fils, d'un argent impur ».

Or, nous avons vu deux lettres [1] qui laissent croire, au contraire, que la mémoire du commandant de Verdun ne fut pas reniée dans sa famille. Ces deux lettres sont écrites par Mme Guérin, sœur de Mme Beaurepaire et adressées à François-Florimond Guérin, ce jeune volontaire parti au troisième bataillon de Maine-et-Loire avec son oncle. On lit dans la première, écrite à Joué-Étiau, sans date : «... Je « suis chez ta malheureuse tante (Mme Beaurepaire); elle « ne sait pas encore son sort horrible mais elle s'en doute. « Je suis bien étonnée, mon cher enfant, que ton désir est « de t'en revenir, que tu ne voudras pas accepter la place « qui t'est accordée en faveur des vertus de ton généreux « commandant dont la mémoire sera éternelle. Tu sais, « mon fils, les honneurs que la nation va lui rendre, « combien elle chérira ses neveux... » Dans la seconde, datée du 1er novembre 1792, Mme Guérin écrit : « ... J'ai « été fâchée de ne t'avoir pas vu, car j'étais à consoler « une sœur que le temps ne pourra faire oublier son « illustre époux... Te voilà, mon cher enfant, dans un « corps (le 1er régiment de carabiniers) où ton cher oncle « en a été l'idole; fais ton possible pour marcher sur ses « traces... »

Nous savons aussi que le fils unique de Beaurepaire, Stanislas-Joseph, était alors élève au collège des Oratoriens de Vendôme, et lorsqu'on apprit les événements de Verdun

[1] Actuellement en la possession de M. André Guérin, d'Angers.

et les décrets de l'Assemblée nationale, cet enfant fut amené par le directeur du collège au directoire de Vendôme. « ...Le procureur-syndic, au nom de l'administration, « complimenta le fils du brave commandant et déposa « en ses mains la couronne civique[1]... » Nulle part nous n'avons trouvé trace d'une protestation de Mme Beaurepaire contre cette apologie du suicide de son mari.

On connaît encore la fête païenne qui fut célébrée à Angers, le 14 octobre 1792, en l'honneur de Beaurepaire[2], et on lit dans une lettre[3], datée d'Angers le 15 octobre 1792, que la municipalité de Joué et plus de cent habitants de cette commune assistaient à la fête. « ...La veuve (de « Beaurepaire) était à Angers et elle avait reçu des mains « de M. Dieuzie, président de l'administration départemen- « tale, la lettre du président de l'Assemblée et le brevet « de sa pension ; mais une députation nouvelle, com- « posée de trois membres du Directoire, est allée hier encore, « à l'occasion de la fête funèbre, lui renouveler tous les « regrets du département et de la France. La famille était « là..., et cette allocution, qui a précédé tout, a été très « touchante... »

D'après un brevet daté du 19 pluviôse an IV (8 février 1796), lors de la révision des brevets et pensions, il semblerait aussi que Marie-Anne-Charlotte Banchereau, veuve de Nicolas Beaurepaire, a bien touché une pension annuelle et viagère de 1.258 livres 10 sols accordée par un décret du 12 septembre 1792 de l'Assemblée nationale. Il ressort enfin de deux autres pièces qu'en l'an VI (22 septembre 1797-21 septembre 1798) Mme Beaurepaire était décédée,

[1] Registre des délibérations du directoire de Vendôme.

[2] Archives départementales de Maine-et-Loire. L 10. — *Affiches d'Angers*, 23 octobre 1792, n° 128.

[3] Lettre de Préval à Chaumine. Grille, III. 65.

et que la même pension était touchée par son fils Stanislas-Joseph, à qui elle était réversible [1].

Pour toutes ces raisons, et M. Gontard de Launay n'ayant indiqué ni la source, ni la date précise des deux lettres attribuées à Mme Beaurepaire, il est fort à craindre qu'elles ne soient apocryphes.

En tous cas, et quelle qu'en soit l'origine, ce fut une protestation isolée. Tout le monde admira le geste magnifique de Beaurepaire se suicidant en public pour ne pas capituler avec des tyrans ; on envia les honneurs du Panthéon que lui avait décernés la patrie reconnaissante.

Le Gouvernement mit tout en œuvre pour propager ces légendes, car, s'il est des secrets, il y a aussi une publicité d'État. On voulait alors surexciter les esprits, exalter le patriotisme. Depuis qu'on reniait le passé d'une France chrétienne et monarchique, il fallait remonter jusqu'aux républiques païennes de la Grèce et de Rome pour trouver des exemples de vertus civiques. Beaurepaire fut un modèle plus tangible pour cette nouvelle école. On le cita partout avec Brutus et Caton ; on ajouta en son honneur deux couplets au chant des Marseillais ; il fut le héros des fêtes populaires ; on le donna comme exemple à la jeunesse française.

Cinquante ans plus tard, Michelet s'exaltait encore sur la légende de Beaurepaire et écrivait [2] : « . . . La France se

[1] Archives départementales de Maine-et-Loire, L 537. *Deuxième registre des brevets de pensions accordés aux défenseurs, aux veuves et aux parents des défenseurs de la Patrie* (n° 103 du registre). — An VI. *Tableau des veuves des défenseurs de la Patrie* (n° 93 du tableau). — *Supplément au tableau des veuves et orphelins brévetés de la commune d'Angers arrêté par l'administration municipale le 17 nivôse an VII* (6 *janvier* 1799). Ce supplément est daté du 23 nivôse an VII (12 janvier 1799).

[2] Michelet, *Histoire de la Révolution française*, IV, 234. — Voir aussi *Angers ancien et nouveau*, par E. Lachèse, 1853.

« reconnut, frémit d'admiration. Elle se mit la main sur le « cœur et y sentit monter la foi. La patrie ne flotta plus « aux regards, incertaine et vague ; on la vit réelle, vivante. « On ne doute guère des Dieux à qui on sacrifie ainsi... »

Bref, Beaurepaire fut un symbole, d'abord unique. Mais d'autres héros — Marceau, le tambour Barat, Hoche, etc... — le remplacèrent bientôt dans l'éloquence officielle, l'engouement passa, l'oubli vint ensuite, et depuis longtemps Beaurepaire est disputé à la légende par l'histoire.

Alors, on reconnut assez vite qu'il ne s'était pas suicidé publiquement ; personne n'oserait plus l'écrire maintenant. Ensuite, on douta du suicide, et on parla d'assassinat. C'est le point où en est la question, et toutes les thèses qui ont paru depuis quarante ans ont tour à tour éclairci ou embrouillé l'énigme. Nous les avons citées au cours de cette étude ; nous ne croyons pas en avoir oublié d'essentielles.

Pour terminer cet abrégé de la légende de Beaurepaire, il nous reste à parler de deux monuments qui l'entretiennent à Angers.

Le premier est le tableau de J.-J. Scherrer, peint en 1883, exposé au Salon de Paris [1] la même année, mentionné, acheté par l'État, et envoyé en 1884 au musée d'Angers, où il est actuellement. Beaurepaire ensanglanté est porté sur un brancard et escorté par des soldats dont les blessures saignantes et les vêtements en désordre évoquent l'idée d'un combat acharné ; des débris de gabions, des ruines fumantes renforcent cette note sauvage ; le cortège défile par la Porte-Chaussée, c'est-à-dire qu'il prend la direction de l'Allemagne ; un groupe d'officiers et de soldats prussiens

[1] N° 2181. On peut comparer ce tableau avec celui de J.-P. Laurens (salon de 1877) : « L'état-major autrichien devant le corps du géné- « ral Marceau », et avec celui d'Edouard Detaille, peint en 1892, actuellement au Musée du Luxembourg : « Sortie de la garnison de Huningue ».

rend les honneurs militaires. Au-dessous du cadre, on lit : « Capitulation de Verdun, 2 septembre 1792. Le comman-« dant Beaurepaire sommé de rendre la place préfère se « donner la mort plutôt que de signer la reddition de la « ville. Les héroïques débris du détachement qu'il comman-« dait sortent de Verdun avec les honneurs de la guerre, « emportant le corps de leur chef. L'armée allemande, « commandée par Brunswick, leur rend les honneurs militaires. »

Quel que soit le mérite artistique de ce tableau, il choque outre mesure la vérité historique quand on sait qu'aucun soldat ne fut tué ni blessé au siège de Verdun et que le cercueil de Beaurepaire, emporté dans un fourgon, sortit par la porte de France, sans honneurs militaires.

Le second monument est la statue de Beaurepaire, par Maximilien Bourgeois, inaugurée le 14 juillet 1889, au pont du centre, sur la Maine.

L'idée première de ce monument remonte à 1836 et il serait trop long d'exposer ici tous les projets divers qui furent étudiés de 1836 à 1889[1]. Nous dirons seulement que

[1] Consulter : procès-verbaux des délibérations du Conseil municipal d'Angers, séances des 28 novembre et 3 décembre 1836 ; 24 août 1839; 22 janvier, 3 et 11 mars (rapport de M. Allard) 1842 ; 15 juin 1848 ; 6 janvier 1881 ; 29 novembre 1882 ; 8 septembre , 23 et 31 décembre 1887 ; 20 mars 1888. — Archives de la mairie d'Angers, R 2. Dossier relatif aux projets d'érection de statues à Beaurepaire et contenant notamment : Lettres (autographes ou copies), de David (d'Angers), en date des 21 novembre 1836, 20 juillet 1838, 6 novembre 1840, 21 et 26 décembre 1841, 18 février 1843 ; lettres autographes de F. Grille en date des 24 novembre 1841, 25 janvier 1847 ; correspondance des divers maires d'Angers avec David (d'Angers) (15 décembre 1836); la préfecture de Maine-et-Loire (24 août 1839, 22 janvier, 18 et 26 février 1842, 29 décembre 1882, 25 avril 1888) ; la mairie de Coulommiers-en-Brie (7 janvier et 23 novembre 1882, 5 janvier 1883, 31 décembre 1887, 6 et 11 janvier 1888) ; requête de souscription au roi Louis-Philippe (22 janvier 1842) ; ordonnance royale du 21 mai 1843 et décret présidentiel du 11 mai 1888 ; lettres diverses de Maximilien Bourgeois, etc... — *David d'Angers, sa vie, son œuvre, ses écrits et ses*

David (d'Angers) avait à cœur d'offrir à ses compatriotes le dessin et l'exécution de cette statue. Après avoir fait plusieurs esquisses, il avait renoncé à évoquer toute allusion à un suicide, et sa dernière conception, datant de 1841 ou 1842, représentait Beaurepaire debout, l'attitude calme et reposée, le regard droit devant lui, serrant avec amour dans son bras gauche le drapeau du bataillon dont il ramène les plis, avec la main gauche, sur son cœur ; de sa main droite il froisse un papier sur lequel on lit : Capitulation de Verdun. Sur le socle, cette inscription : Quand Verdun se rendra, Beaurepaire n'existera plus, et, en-dessous, sur trois colonnes, les noms des volontaires du premier bataillon de Maine-et-Loire. « ... Je pense qu'actuellement, écrivait « David (d'Angers) le 21 septembre 1841, les susceptibi- « lités même les plus marquées ne pourront être troublées « par cette nouvelle composition qui est tout à fait diffé- « rente de la première[1]... »

On peut voir une esquisse de ce beau projet dans un dossier des archives municipales d'Angers[2]. Le grand artiste s'était fait une juste idée de Beaurepaire.

Mais, au lieu d'adopter ce modèle, on a préféré la simple reproduction d'une statue érigée en 1884 à Coulomniers-en-Brie.

Nous ne reconnaissons pas notre vieux capitaine de carabiniers, âgé de 52 ans, décoré de la croix de Saint-Louis, le père des volontaires, le stoïque commandant de Verdun,

contemporains par Henry Jouin, 2 vol. in-4, Plon, 1878, tome Ier, pp. 146, 500, tome II, pp. 313, 377, 425, 426, 445, 487. — *Revue de l'Anjou*, nouvelle série, tome XVIII (1889), pp. 145-157 : *David d'Angers et la statue de Beaurepaire*, par Adolphe Lair. — *Id.*, tome XIX (1889), Chronique, p. 108.

[1] Cette première composition (1838) représentait Beaurepaire approchant de sa tempe un pistolet. Voir *David d'Angers*, par A. Lair, *Revue de l'Anjou* (1889), p. 155.

[2] R 2. Dossier relatif aux projets d'érection de statues de Beaurepaire.

dans cet homme si jeune, à la svelte tournure, debout, le regard farouche et de côté, tête nue, les cheveux en catogan, l'habit entr'ouvert, le pied droit nerveusement avancé, foulant un papier qui doit être la capitulation de Verdun, la main gauche sur la poignée du sabre, la main droite crispée à hauteur de poitrine, dans un geste théâtral. En arrière, à sa droite, sur une table recouverte d'un tapis, est déployée une carte sur laquelle on lit : France-Verdun, et sur cette carte sont posés un encrier, une plume d'oie, deux pistolets, allusions douteuses à des faits contestés.

Ainsi se perpétuent les légendes, et tous ceux qui glorifient le suicide de Beaurepaire ont-ils bien songé qu'un tel acte serait précisément la seule tache dans la vie de ce loyal et sympathique soldat.

Angers. imp. G. Grassin. — 11-11

www.ingramcontent.com/pod-product-compliance
Ingram Content Group UK Ltd.
Pitfield, Milton Keynes, MK11 3LW, UK
UKHW022052190726
13855UKWH00002B/481

9 782013 042246